监察法公职人员读本

本书编写组　编写

中国方正出版社

出版说明

2024年12月25日，十四届全国人大常委会第十三次会议审议通过《关于修改〈中华人民共和国监察法〉的决定》，把党中央关于持续深化国家监察体制改革的决策部署通过法定程序转化为国家意志，进一步健全反腐败基础性法律制度，为坚决打赢反腐败斗争攻坚战持久战总体战提供有力保障。《中华人民共和国监察法》（以下简称《监察法》）是纪检监察机关开展监督执法工作的基本法律依据。二十届中央纪委四次全会对加强纪检监察法规制度建设，开展“纪检监察工作规范化法治化正规化建设年”行动作出重要部署。

为帮助各级党组织和广大党员、干部尤其是纪检监察干部学习贯彻运用好修改后的《监察法》，准确把握其内涵要义和实践要求，我们组织编写了《监察法公职人员读本》一书。本书依据修改后的《监察法》，简明介绍《监察法》基本知识要点，对监察机关职责、管辖的罪名、监察对象、监察权限及程序等进行深入解读，既是纪检监察干部理解运用《监察法》的重要辅导，也是广大公职人员学习掌握《监察法》的参考读物。

由于编者水平有限，书中难免有疏漏之处，敬请读者批评指正。

编　者

2025年3月

目　　录

第一章　监察法总则有关规定

《中华人民共和国监察法》（以下简称《监察法》）总则作为第一章，进行了统领性、原则性、基础性规定。该章共 6 条，其中，第一条规定了立法目的和立法依据，第二条规定了监察工作坚持党的领导和监察工作指导思想，第三条规定了监察委员会性质和职能，第四条规定了监察机关独立行使职权原则以及与其他机关相互配合制约机制，第五条规定了监察工作原则，第六条规定了监察工作方针，这些是学习领会、贯彻落实《监察法》的“纲”和“领”。

第一节　立法目的和立法依据

《监察法》第一条开宗明义规定了立法目的和立法依据：“为了深入开展廉政建设和反腐败工作，加强对所有行使公权力的公职人员的监督，实现国家监察全面覆盖，持续深化国家监察体制改革，推进国家治理体系和治理能力现代化，根据宪法，制定本法。”

一、《监察法》的立法目的

《监察法》的立法目的主要有四个方面：

一是深入开展廉政建设和反腐败工作。当前反腐败斗争形势仍然严峻复杂，铲除腐败滋生土壤和条件任务仍然艰巨繁重。修改《监察法》，将“深入开展廉政建设和反腐败工作”作为首要立法目的，充分彰显以习近平同志为核心的党中央始终保持反腐败永远在路上的坚韧执着，保持战略定力和高压态势，一步不停歇、半步不退让，坚决打赢反腐败斗争攻坚战、持久战、总体战的鲜明态度，有助于加强党对党风廉政建设和反腐败斗争的统一领导，形成工作合力。

二是加强对所有行使公权力的公职人员的监督，实现国家监察全面覆盖。党的十八大以来，党内监督得到有效加强，强化了全面从严治党政治责任，监督对象覆盖了所有党员，这也为国家监察覆盖所有行使公权力的公职人员作了示范、打了基础。制定《监察法》，就是要贯彻落实上述改革精神，增强监察全覆盖的有效性，将公务员及参照公务员法管理的人员，法律、法规授权或者受国家机关依法委托管理公共事务的组织中从事公务的人员，国有企业管理人员，公办的教育、科研、文化、医疗卫生、体育等单位中从事管理的人员，基层群众性自治组织中从事管理的人员以及其他依法履行公职的人员，统一纳入监察范围，由监察机关按照管理权限进行监察。

三是持续深化国家监察体制改革。持续深化国家监察体制改革是以习近平同志为核心的党中央作出的重大决策部署，是事关全局的重大政治体制改革，涉及政治权力、政治体制、政治关系的重大调整，目的是加强党对反腐败工作的统一领导，构建集中统一、权威高效的监察体系。《监察法》实施以来，在党中央坚强领导下，国家监察体制改革持续深化，改革举措不断出台，改革成效不断显现。修改《监察法》，及时把在党中央领导下持续深化国家监察体制改革积累的宝贵经验制度化，将实践成果上升为法律规定，能够为持续深化国家监察体制改革提供长久法治动力，有利于形成立法保障改革、改革推动制度创新的良性循环。

四是推进国家治理体系和治理能力现代化。不断提升治国理政水平是中国式现代化的题中之义。党和国家治理体系包括两个方面：（1）依规治党，依据党章党规党纪管党治党建设党；（2）依法治国，依据宪法法律法规治国理政。实行国家监察是对公权力最直接最有效的监督，监察全覆盖和监督的严肃性实效性直接关乎党的执政能力和治国理政科学化水平。修改《监察法》，就是落实党中央关于持续深化国家监察体制改革的决策部署，真正把所有公权力都关进制度笼子，体现依规治党与依法治国、党内监督与国家监察有机统一，切实将制度优势转化为治理效能，推进治理体系和治理能力现代化。

二、《监察法》的立法依据

《监察法》的立法依据是宪法。宪法是国家的根本法，具有最高的法律效力，制定法律、行政法规等都必须以宪法为依据。十三届全国人大一次会议审议通过的宪法修正案在“国家机构”一章中专门增写“监察委员会”一节，并在其他部分相应调整充实有关监察委员会的内容，确立了监察委员会作为国家机构的法律地位，为设立国家和地方各级监察委员会提供了根本法保障，为制定《监察法》提供了宪法依据。

第二节　坚持党的领导和监察工作指导思想

党政军民学，东西南北中，党是领导一切的。监察工作作为确保党和国家肌体健康的重要工作，必须始终坚持党的领导，必须始终以党的科学理论为指导。《监察法》第二条规定：“坚持中国共产党对国家监察工作的领导，以马克思列宁主义、毛泽东思想、邓小平理论、‘三个代表’重要思想、科学发展观、习近平新时代中国特色社会主义思想为指导，构建集中统一、权威高效的中国特色国家监察体制。”该条明确了坚持党的领导和监察工作指导思想。

一、在《监察法》中进一步规定党对监察工作的领导

在《监察法》中进一步规定党对监察工作的领导，具有特殊的政治意义，主要目的是旗帜鲜明地宣示党的领导，贯彻习近平新时代中国特色社会主义思想，以实际行动践行“两个维护”，为党中央和地方各级党委理直气壮、名正言顺地依法领导监察委员会开展反腐败等工作，提供了法律依据。

党的二十大报告指出，十九大、十九届六中全会提出的“十个明确”“十四个坚持”“十三个方面成就”概括了习近平新时代中国特色社会主义思想的主要内容。党的十九大、十九届六中全会提出的“十个明确”，其中明确了中国特色社会主义最本质的特征是中国共产党领导，中国特色社会主义制度的最大优势是中国共产党领导，党是最高政治领导力量。围绕贯彻落实习近平新时代中国特色社会主义思想，党的十九大报告提出了新时代坚持和发展中国特色社会主义的基本方略，并概括为“十四个坚持”，第一个坚持就是要坚持党对一切工作的领导。十三届全国人大一次会议通过的宪法修正案明确把“中国共产党领导是中国特色社会

主义最本质的特征”写入宪法总纲，以国家根本法的形式对党的领导核心地位作进一步确认，这有利于在全体人民中强化党的领导意识，确保党和国家事业始终沿着正确方向前进。有党的领导才有中国强盛、民族复兴、人民幸福。习近平总书记旗帜鲜明地指出，我们最大的国情和党情是什么？就是中国共产党在中国是领导一切的，任何改革都必须有利于坚持和加强党的领导。深化国家监察体制改革的重要目的，就是加强党对反腐败工作的统一领导。党管干部不仅管干部的培养、提拔、使用，还必须对干部进行教育、管理、监督，对违纪违法的作出处理。监察委员会作为专门的反腐败工作机构，与党的纪律检查机关合署办公，对党员干部、所有行使公权力的公职人员进行监督，对违纪的进行查处，对涉嫌违法犯罪的进行调查处置，这是加强党的领导、坚持党管干部原则的重要体现，是完善坚持党的全面领导体制机制的重要举措。《监察法》把党对反腐败工作的集中统一领导机制固定下来，着力强化不敢腐的震慑，扎牢不能腐的笼子，增强不想腐的自觉，为纵深推进反腐败斗争提供坚强法治保证。

《中华人民共和国监察法实施条例》（以下简称《监察法实施条例》）第二条规定：“坚持中国共产党对监察工作的全面领导，增强政治意识、大局意识、核心意识、看齐意识，坚定中国特色社会主义道路自信、理论自信、制度自信、文化自信，坚决维护习近平总书记党中央的核心、全党的核心地位，坚决维护党中央权威和集中统一领导，把党的领导贯彻到监察工作各方面和全过程。”这是对《监察法》第二条“坚持中国共产党对国家监察工作的领导”规定的进一步细化。党中央印发的《法治中国建设规划（2020—2025年）》提出，推进党的领导入法入规，着力实现党的领导制度化、法治化。《监察法实施条例》坚决贯彻落实党中央持续深化国家监察体制改革的重要工作部署，严格遵循和贯彻宪法，细化实化《监察法》的规定，实现党对监察工作的全面领导具体化法治化。

《监察法实施条例》第三条规定：“监察机关与党的纪律检查机关合署办公，坚持法治思维和法治方式，促进执纪执法贯通、有效衔接司法，实现依纪监督和依法监察、适用纪律和适用法律有机融合。”这是关于合署办公体制的规定，也是首次将纪委监委合署办公体制写入国家法律规范，并就实现纪法贯通、法法衔接提出明确要求，进一步完善了在党的领导下集中决策、一体运行的体制机制。

二、监察工作的指导思想

监察工作以马克思列宁主义、毛泽东思想、邓小平理论、“三个代表”重要思想、科学发展观、习近平新时代中国特色社会主义思想为指导。

习近平总书记在党的二十大报告中指出："推进马克思主义中国化时代化是一个追求真理、揭示真理、笃行真理的过程。"中国共产党在百年奋斗中不断推进马克思主义中国化时代化，创立了毛泽东思想、邓小平理论，形成了"三个代表"重要思想、科学发展观，创立了习近平新时代中国特色社会主义思想，指导我国革命、建设、改革和新时代党和国家事业发展取得伟大胜利。习近平新时代中国特色社会主义思想是当代中国马克思主义、二十一世纪马克思主义，是中华文化和中国精神的时代精华，实现了马克思主义中国化时代化新的飞跃，开辟了马克思主义中国化时代化新境界，为新时代党和国家事业发展提供了根本遵循。

党的十九大通过的党章修正案把习近平新时代中国特色社会主义思想确立为我们党的行动指南，实现了党的指导思想的又一次与时俱进。十三届全国人大一次会议通过的宪法修正案，明确将习近平新时代中国特色社会主义思想载入宪法。这就要求我们，必须以习近平新时代中国特色社会主义思想武装头脑、指导实践，统领一切工作。

党的十八大以来，习近平总书记带领全党以前所未有的决心力度推进全面从严治党，创造性提出一系列具有原创性、标志性的新理念新思想新战略，形成习近平总书记关于党的自我革命的重要思想，指引百年大党开辟了自我革命的新境界。习近平总书记深刻总结新时代全面从严治党丰富实践经验和重要理论成果，深刻阐述党的自我革命的重要思想，科学回答关于党的自我革命的三个重大问题，明确提出推进自我革命“九个以”的实践要求。这是我们党坚持“两个结合”推进理论创新取得的新成果，是习近平新时代中国特色社会主义思想的新篇章，标志着我们党对马克思主义政党建设规律、共产党执政规律的认识达到新高度。纪检监察机关是推进党的自我革命的重要力量，必须深入学习领悟习近平总书记关于党的自我革命的重要思想，自觉把这一重要思想贯彻到纪检监察工作全过程各方面。

三、构建集中统一、权威高效的中国特色国家监察体制

党中央深刻洞察党面临的执政考验、改革开放考验、市场经济考验、外部环境考验的长期性和复杂性，深刻认识党面临的精神懈怠危险、能力不足危险、脱离群众危险、消极腐败危险的尖锐性和严峻性，要求把加强党对反腐败工作统一领导作为根本政治原则。构建集中统一、权威高效的中国特色国家监察体制，其重要意义主要体现在：第一，解决了监察范围过窄问题，填补了监察对象上的空白。第二，解决了反腐败力量分散问题，通过整合行政监察、预防腐败和检察机关查处贪污

贿赂、失职渎职及预防职务犯罪等工作力量，同党的纪律检查机关合署办公，实行一套工作机构、两个机关名称，履行纪检、监察两项职能，对党中央或地方党委全面负责，有利于形成监督合力，提高工作效率。第三，解决了手段单一问题，《监察法》依法赋予监察机关职责权限和调查手段，增加强制到案、责令候查、管护等措施，提高了以法治思维和法治方式惩治腐败的水平。

第三节　监察委员会性质和职能

《监察法》第三条规定："各级监察委员会是行使国家监察职能的专责机关，依照本法对所有行使公权力的公职人员（以下称公职人员）进行监察，调查职务违法和职务犯罪，开展廉政建设和反腐败工作，维护宪法和法律的尊严。"规定该条的主要目的是明确监察委员会在国家机构中的地位和作用，指明监察委员会的性质和职能。

一、监察机关的性质

《监察法》规定，各级监察委员会是行使国家监察职能的专责机关。《中国共产党纪律检查委员会工作条例》第七条规定："党的中央纪律检查委员会与国家监察委员会合署办公，党的地方各级纪律检查委员会与地方各级监察委员会合署办公，实行一套工作机构、两个机关名称，履行党的纪律检查和国家监察两项职责，实现纪委监委领导体制和工作机制的统一融合，集中决策、一体运行，坚持纪严于法，执纪执法贯通。”监察委员会是行使国家监察职能的专责机关，由人民代表大会产生，对它负责，受它监督。

根据党中央关于持续深化国家监察体制改革的部署，监察机关与党的纪律检查机关合署办公。纪委是党内监督的专责机关，将监察委员会定位为行使国家监察职能的“专责机关”与纪委的定位相匹配。

二、监察机关的职能

根据《监察法》的规定，监察委员会具有三项职能：(1) 对所有行使公权力的公职人员进行监察；(2) 调查职务违法和职务犯罪；(3) 开展廉政建设和反腐败工作，维护宪法和法律的尊严。

《监察法》对监察委员会职能的规定，与党章第四十六条和《中国共产党纪律检查委员会工作条例》第四章关于纪委主要任务的规定相匹配。

第四节　监察机关独立行使职权原则以及与其他机关相互配合制约机制

《监察法》第四条第一款规定："监察委员会依照法律规定独立行使监察权，不受行政机关、社会团体和个人的干涉。"第二款规定："监察机关办理职务违法和职务犯罪案件，应当与审判机关、检察机关、执法部门互相配合，互相制约。"第三款规定："监察机关在工作中需要协助的，有关机关和单位应当根据监察机关的要求依法予以协助。"规定该条的主要目的是为了排除行政机关、社会团体和个人对监察机关的非法干扰，同时明确监察机关与司法机关等在追究职务违法犯罪过程中的工作关系。

一、监察机关独立行使职权原则

监察委员会依照法律规定独立行使监察权，"依法"是前提。监察委员会作为行使国家监察职能的专责机关，履行职责必须遵循社会主义法治原则的基本要求，必须严格依照法律进行活动，既不能滥用或者超越职权，违反规定的程序，也不能不担当、不作为，更不允许利用职权徇私枉法，放纵职务违法犯罪行为。不受行政机关、社会团体和个人的干涉，这里的"干涉"，主要是指行政机关、社会团体和个人利用职权、地位，或者采取其他不正当手段干扰、影响监察人员依法行使职权的行为，如利用职权阻止监察人员开展案件调查，利用职权威胁、引诱他人不配合监察机关工作，等等。

二、监察机关与其他机关互相配合、互相制约的关系

监察机关办理职务违法和职务犯罪案件，应当与审判机关、检察机关、执法部门互相配合，互相制约。其中，审判机关是指各级人民法院，检察机关是指各级人民检察院，执法部门是指公安机关、国家安全机关、审计机关以及市场监管部门、应急管理部门等行政执法部门。这里执法部门的表述与宪法的相关表述一致。监察机关履行职责离不开这些机关的协助、配合，同时也需要这些机关的制约。在实际工作中，纪检监察机关不仅同审判机关、检察机关形成了互相配合、互相制约关系，同执法部门也形成了互相配合、互相制约的工作联系。宪法第一百二十七条第二款对此作出规定，《监察法》对此予以重申，是将客观存在的工作关系制度化、法律化，有利于监察权依法正确行使。

“互相配合”，主要是指监察机关与司法机关、执法部门在办理职务违法犯罪案件方面，要按照法律规定，在正确履行各自职责的基础上，互相支持，不能违

反法律规定，各行其是，互不通气，甚至互相扯皮。“互相制约”，主要是指监察机关与司法机关、执法部门在追究职务违法犯罪过程中，通过程序上的制约，防止和及时纠正错误，以保证案件质量，正确应用法律惩罚违法犯罪。

三、有关机关和单位对监察机关的协助义务

监察机关在工作中需要协助的，有关机关和单位应当根据监察机关的要求依法予以协助。监察机关工作过程中，遇到超出监察机关职权范围或者其他紧急、特殊情况，需要公安、司法行政、审计、税务、海关、财政、工业和信息化、市场监管、金融监管等机构予以协助的时候，有权要求其予以协助。只要是监察机关依法提出的协助要求，有关机关和单位应当在其职权范围内依法予以协助。

第五节　监察工作原则和方针

《监察法》第五条、第六条分别规定了监察工作原则和方针。规定监察工作原则的主要目的是保证监察机关以法治思维和法治方式开展工作，严格贯彻惩前毖后、治病救人等党的政策和策略。规定监察工作方针的

主要目的是贯彻落实党的十九大、二十大精神，将党的十八大以来反腐败工作的重要思想、目标、要求和实践经验总结，以法律的形式固定下来。

一、开展监察工作的原则

《监察法》第五条规定："国家监察工作严格遵照宪法和法律，以事实为根据，以法律为准绳；权责对等，严格监督；遵守法定程序，公正履行职责；尊重和保障人权，在适用法律上一律平等，保障监察对象及相关人员的合法权益；惩戒与教育相结合，宽严相济。"

监察工作的原则主要有五个方面内容：

一是严格遵照宪法和法律，以事实为根据，以法律为准绳。以事实为根据，以法律为准绳，是正确开展监察工作不可分割的两个方面。事实是前提，是基础和根据，法律是标准、尺度，二者相互联系，缺一不可。"以事实为根据"，主要是指公职人员是否违法犯罪，罪轻还是罪重，都要以事实为根据，对事实情况既不夸大，也不缩小，做到客观公正。"以法律为准绳"，是指监察机关开展监察工作，包括案件线索处置、初核、立案、调查、作出处置决定等都要以《监察法》等法律法规为标准。

二是权责对等，严格监督。这一原则总结了党的十八大以来管党治党、治国理政做法和经验，体现了行使权力和责任担当相统一的思想，有多大的权力就要承担多大的责任，权力就是责任，有权必有责，有责要担当，不担当要问责，也体现严管就是厚爱，信任不能代替监督。需要强调的是，监察机关既要监督乱作为，也要管消极的不作为、慢作为，保证公权力正确行使。

三是遵守法定程序，公正履行职责。守法律、重程序，这是法治的第一位要求。法定程序是监察机关履职行权的基本遵循，公正执法是监察工作的内在要求。修改后的《监察法》在总则中将“遵守法定程序，公正履行职责”写入监察工作原则，并相应完善监察程序、对监察机关和监察人员的监督等相关规定，为推进监察工作规范化、法治化、正规化建设提供有力保证。

四是尊重和保障人权，在适用法律上一律平等，保障监察对象及相关人员的合法权益。为贯彻宪法关于“尊重和保障人权”的规定，修改后的《监察法》在监察工作原则中增写“尊重和保障人权”，并将“保障当事人的合法权益”细化为“保障监察对象及相关人员的合法权益”，充分彰显了监察工作依法全面保障人权的鲜明立场。同时，将人权保障理念落实到《监察法》关于调查取证、措施适用、救济机制等新增规定中，涵盖监察对象及相关人员的人身权、知情权、财产权、申辩权、申诉权和申请复审复核权等各项合法权益，充分体现惩治腐败与保障人权有机统一的法治精神。“在适用法律上一律平等”，是指监察机关对所有监察对象，不论民族、职业、出身、性别、教育程度都应一律平等地适用法律，不允许有任何特权。

五是惩戒与教育相结合，宽严相济。惩前毖后、治病救人，是我们党的一贯方针，是我们党从丰富的实践经验和深刻的历史教训中总结出来的。惩戒与教育相结合，宽严相济原则是惩前毖后、治病救人方针在监察工作中的具体体现，同时也是从当前反腐败斗争形势的实际出发而作出的规定，是监察委员会开展工作的重要遵循。改革后，监察委员会的主要职能不只是调查，不光是针对第四种形态。监察的首要职责是监督。监委的监督和纪委的监督在指导思想、基本原则上是高度一致的，咬耳扯袖、红脸出汗，做思想政治工作的目的都是为了惩前毖后、治病救人，抓早抓小、防微杜渐，防止党员干部和公职人员要么是“好同志”、要么是“阶下囚”。

二、监察工作方针

《监察法》第六条规定：“国家监察工作坚持标本兼治、综合治理，强化监督问责，严厉惩治腐败；深化改革、健全法治，有效制约和监督权力；加强法治教育和道德教育，弘扬中华优秀传统文化，构建不敢腐、不能腐、不想腐的长效机制。”

监察工作方针主要包括三个方面内容：

一是坚持标本兼治、综合治理，强化监督问责，严厉惩治腐败。这主要讲的是“不敢腐”的问题。党的十八大以来，坚持反腐败无禁区、全覆盖、零容忍，坚定不移“打虎”“拍蝇”“猎狐”。人民群众最痛恨腐败现象，腐败是我们党面临的最大威胁。只有以反腐败永远在路上的坚韧和执着，深化标本兼治，保证干部清正、政府清廉、政治清明，才能确保党和国家长治久安。《监察法》贯彻落实了党的二十大报告“以零容忍态度反腐惩恶”的要求，用法治思维和法治方式把高压反腐的震慑彰显出来。

二是深化改革、健全法治，有效制约和监督权力。这主要讲的是“不能腐”的问题。《监察法》的规定体现了党的二十大报告提出的“健全党统一领导、全面覆盖、权威高效的监督体系，完善权力监督制约机制，以党内监督为主导，促进各类监督贯通协调，让权力在阳光下运行”。解决不能腐的问题，不仅仅是持续深化国家监察体制改革和《监察法》的任务，其他各项深化改革任务和法律制定、修订工作都或多或少与此相关。《监察法》之所以规定这个内容，不仅是因为反腐败是监察机关的重要任务，也是因为看到反腐败不是靠某一个机关就能完成的事，必须动员各方面广泛参与，群策群力，建立起规范权力运行的制度机制。因此，我们要按照党中央决策部署，全面深化各项改革举措，真正构筑起不能腐的堤坝，让权力得到约束。同时，及时通过立法把行之有效的改革举措以法律的形式固化下来，形成监督合力、增强监督实效，确保党和人民赋予的权力真正用来为人民谋利益。

三是加强法治教育和道德教育，弘扬中华优秀传统文化。这主要讲的是“不想腐”的问题。党的二十大报告指出，“坚持依法治国和以德治国相结合”“坚持和发展马克思主义，必须同中华优秀传统文化相结合”。法律是准绳，任何时候都必须遵循；道德是基石，任何时候都不可忽视。习近平总书记强调，把法治中国建设好，必须坚持依法治国和以德治国相结合，使法治和德治在国家治理中相互补充、相互促进、相得益彰，推进国家治理体系和治理能力现代化。要既讲法治又讲德治，重视发挥道德教化作用，把法律和道德的力量、法治和德治的功能紧密结合起来，把自律和他律紧密结合起来，引导全社会积极培育和践行社会主义核心价值观，树立良好道德风尚，防止封建腐朽道德文化沉渣泛起。习近平总书记强调，领导干部要讲政德。政德是整个社会道德建设的风向标。立政德就是要明大德、守公德、严私德。明大德，就是要铸牢理想信念、锤炼坚强党性，在大是大非面前旗帜鲜明，在风浪考验面前无所畏惧，在各种诱惑面前立场坚定。守公德，就是要强化宗旨意识，全心全意为人民服务，恪守立党为公、执政为民理念，自觉践行人民对美好生活的向往就是我们的奋斗目标的承诺，做到心底无私天地宽。严私德，就是要严格约束自己的操守和行为。《监察法》明确将加强法治教育和道德教育，弘扬中华优秀传统文化作为监察工作方针，就是落实党中央的决策部署，从中华民族历史文化中汲取智慧，从实际出发实现监察工作理念思路、体制机制、方式方法的与时俱进。

第二章　监察机关及其职责

《监察法》第二章规定了监察机关及其职责。该章共 8 条，包括第七条至第十四条，其中，第七条规定了各级监察委员会机构设置，第八条规定了国家监察委员会产生和组成人员，第九条规定了地方各级监察委员会的产生、职责、组成人员以及和权力机关、上级监察委员会关系，第十条规定了监察机关上下级领导关系，第十一条规定了监察委员会职责，第十二条规定了监察委员会派驻或者派出监察机构、监察专员的设置和领导关系，第十三条规定了派驻或者派出监察机构、监察专员职责，第十四条规定了监察官制度。

第一节　领导体制

领导体制是监察机关组织结构的重要组成部分，是监察工作有效开展的重要组织保证。根据《监察法》

等规定，监察工作实行双重领导体制，即监委在同级党委、上级监委双重领导下进行工作，同时强调要加强上级监委对下级监委的领导，这样有利于保证监委的相对独立性和权威性，带动整个监察系统提高履职质效。

一、各级监察委员会机构设置

（一）国家监察委员会的定位

宪法第一百二十五条第一款和《监察法》第七条第一款均明确规定，中华人民共和国国家监察委员会是最高监察机关。国家监察委员会的最高地位主要体现在：第一，国家监察委员会的组成人员由全国人民代表大会及其常务委员会选举或者任命产生。其中，国家监察委员会主任由全国人民代表大会选举产生，其他组成人员由主任提名，全国人大常委会任免。第二，国家监察委员会负责全国监察工作，领导地方各级监察委员会的工作。第三，国家监察委员会有权办理各级监察机关管辖范围内的监察事项。

（二）地方各级监察委员会的机构设置

《监察法》第七条第二款规定，省、自治区、直辖市、自治州、县、自治县、市、市辖区设立监察委员会。该款规定与宪法关于我国行政区域划分的规定一致。

二、国家监察委员会产生和组成人员

（一）国家监察委员会的产生和职责

宪法规定，国家行政机关、监察机关、审判机关、检察机关都由人民代表大会产生，对它负责，受它监督。《监察法》第八条第一款和第九条第一款分别规定，国家监察委员会由全国人民代表大会产生，地方各级监察委员会由本级人民代表大会产生。由人民代表大会产生国家监察机关，对人大负责、受人大监督，贯彻了人民代表大会制度这一根本政治制度，体现了人民当家作主的要求，有利于强化人大作为国家权力机关的监督职能，拓宽人民监督权力的途径，更好地体现党的领导、人民当家作主和依法治国有机统一。同时，规定国家监察委员会负责全国监察工作，明确了其作为最高监察机关，统一领导地方各级监察机关工作的地位。

（二）国家监察委员会的组成

国家监察委员会由主任一人、副主任和委员若干人组成。在产生方式方面，国家监察委员会主任由全国人民代表大会选举产生，副主任、委员由国家监察委员会主任提请全国人民代表大会常务委员会任免，这与最高人民法院、最高人民检察院相关领导人员产生方式相同。

（三）国家监察委员会主任的任职期限

国家监察委员会主任由全国人民代表大会产生，每届任期与全国人民代表大会每届任期相同。任期届满，要重新经过全国人民代表大会选举新的国家监察委员会主任。《监察法》没有规定监察委员会副主任、委员每届任期同全国人大每届任期相同，是为了保证国家监察机关职权行使的连续性。在国家监察委员会每届任期内当选的监察委员会主任，其任期以本届人大剩余的任期为限。国家监察委员会主任连续任职不得超过两届，与宪法关于最高人民法院院长、最高人民检察院检察长连续任职届数的规定相一致。

（四）国家监察委员会对全国人大及其常委会负责并接受其监督

主要体现在三个方面：第一，国家监察委员会的组成人员由全国人大及其常委会选举、任免。第二，全国人民代表大会有权罢免国家监察委员会主任。第三，根据《监察法》第六十条的规定，国家监察委员会向全国人大常委会作专项工作报告，接受执法检查，接受人大代表或者常务委员会组成人员就监察工作中的有关问题提出的询问或者质询。

三、地方各级监察委员会的产生、职责、组成人员以及和权力机关、上级监察委员会的关系

（一）地方各级监察委员会的产生和职责

在中央层面，国家监察委员会由全国人民代表大会产生。相应在地方层面，地方各级监察委员会由本级人

民代表大会产生。同时，县级以上地方各级监察委员会负责本行政区域内的监察工作，接受国家监察委员会的统一领导，是整个国家监察体系的有机组成部分。

（二）地方各级监察委员会的组成

地方各级监察委员会组成和人员产生方式，与国家监察委员会相同。

（三）地方各级监察委员会主任的任职期限

地方各级监察委员会主任的任期规定与国家监察委员会主任一致，每届任期与本级人大每届任期相同，随本级人大换届而换届。每届地方各级监察委员会主任行使职权至新的监察委员会主任产生为止。需要注意的是，对地方各级监察委员会组成人员的连选连任没有限制性规定。

（四）地方各级监察委员会对本级人大及其常委会和上一级监察委员会负责，并接受其监督

地方各级监察委员会对本级人大及其常委会负责，和国家监察委员会对全国人大及其常委会负责的内容相同。监察机关和纪检机关合署办公，《监察法》规定地方各级监察委员会对上一级监察委员会负责，与上下级纪委之间的领导和被领导关系是相匹配的。

四、监察机关上下级领导关系

（一）国家监察委员会领导地方各级监察委员会的工作

领导的本义是率领并引导。领导本身包含着教育、

管理和监督。国家监察委员会在全国监察体系中处于最高地位，主管全国的监察工作，率领并引导所属各内设机构及地方各级监察委员会的工作，一切监察机关都必须服从它的领导。在《监察法》中确立这样的监察机关领导关系，能够保证“全国一盘棋”，保证全国监察机关集中统一领导、统一工作步调、统一依法履职。

（二）上级监察委员会领导下级监察委员会的工作

地方各级监察委员会负责本行政区域内的监察工作，除了依法履行自身的监督、调查、处置职责外，还应对本行政区域内下级监察委员会的工作实行监督和业务领导。按照《中共中央关于全面深化改革若干重大问题的决定》精神，地方监察委员会查办职务违法犯罪案件以上级监察委员会领导为主，线索处置和案件查办在向同级党委报告的同时必须向上级纪委监委报告。在《监察法》中确立这样的监察机关上下级领导关系，有利于地方各级监察委员会在实际工作中减少或排除各种干扰、依法行使职权。

第二节　监察机关职责

党章规定，党的各级纪律检查委员会的职责是监督、执纪、问责。习近平总书记多次强调，纪委的职责就是监督、执纪、问责。《监察法》第十一条规定：“监察委员会依照本法和有关法律规定履行监督、调查、处置职责：（一）对公职人员开展廉政教育，对其依法履职、秉公用权、廉洁从政从业以及道德操守情况进行监督检查；（二）对涉嫌贪污贿赂、滥用职权、玩忽职守、权力寻租、利益输送、徇私舞弊以及浪费国家资财等职务违法和职务犯罪进行调查；（三）对违法的公职人员依法作出政务处分决定；对履行职责不力、失职失责的领导人员进行问责；对涉嫌职务犯罪的，将调查结果移送人民检察院依法审查、提起公诉；向监察对象所在单位提出监察建议。”这一规定，与党章规定纪委的监督、执纪、问责职责相一致，确保与纪委合署办公的监委在职责上与纪委相匹配，避免实际工作中的混乱和职责发散等问题。

一、关于监督职责

监督是监察委员会的首要职责。监察委员会代表党和国家，依照宪法、《监察法》和有关法律法规，监督所有公职人员行使公权力的行为是否正确，确保权力不被滥用、确保权力在阳光下运行，把权力关进制度的笼子。国家监察是对公权力最直接最有效的监督，监察全覆盖和监督的严肃性实效性，直接关乎党的执政能力和治国理政科学化水平。修改《监察法》，就是要增强监察全覆盖的有效性，健全党和国家监督体系，体现依规治党与依法治国、党内监督与国家监察有机统一。

监察机关履行监督职责的方式包括教育和检查。廉政教育是防止公职人员发生腐败的基础性工作。廉政教育的根本内容是加强理想信念教育，使公职人员牢固树立马克思主义的世界观、人生观、价值观和正确的权力观、地位观、利益观，使讲规矩、守法律成为公职人员的自觉行动，不断增强不想腐的自觉。监督检查的方法包括召集或者列席会议、听取工作汇报、实施检查或者调阅、审查文件和资料等，内容是公职人员依法履职、秉公用权、廉洁从政从业以及道德操守情况。

《监察法实施条例》第二章第二节对监察机关监督职责进行了专节规定。

（一）监察监督职责总体要求

《监察法实施条例》第十四条规定："监察机关依法履行监察监督职责，对公职人员政治品行、行使公权力和道德操守情况进行监督检查，督促有关机关、单位加强对所属公职人员的教育、管理、监督。"

一是从监察工作自身出发，明确要求"对公职人员政治品行、行使公权力和道德操守情况进行监督检查"。相较于《监察法》规定，《监察法实施条例》规定的监督检查内容更为具体、全面。主要体现在：（1）将公职人员"政治品行"明确为监督检查内容。政治品行是对公职人员履职用权、从政从业和道德操守在政治方面的要求，《监察法实施条例》对此进行了强调。强化对公职人员政治品行的监督检查，有利于推动公职人员特别是领导干部筑牢思想防线，时刻自重自省自警自励，慎独慎微慎始慎终，做政治信念坚定、遵规守纪守法的明白人。（2）将“依法履职、秉公用权、廉洁从政从业”进一步抽象概括为“行使公权力”。依法履职、秉公用权、廉洁从政从业的内涵是相通的，实质均在于依法行使公权力。《监察法实施条例》作此规定，有利于各级监察机关把握《监察法》相关要求的精神实质，也与《监察法》第一条关于“加强对所有行使公权力的公职人员的监督”的立法目的相衔接。

二是为压实主体责任，明确要求监察机关“督促有关机关、单位加强对所属公职人员的教育、管理、监督”。其中的“有关机关、单位”，主要是指公职人员的任免机关、单位。加强对所属公职人员的教育、管理、监督，是公职人员任免机关、单位的法定义务。《中华人民共和国公职人员政务处分法》（以下简称《政务处分法》）第三条第二款对此作了规定。加强对公职人员的日常监督，主体责任是前提，监督责任是保障，两者相互作用、浑然一体。基于“监督的再监督”的职责定位，监察机关依法履行监督职责，当然包括督促和推动主体责任的贯彻落实。

（二）政治监督

《监察法实施条例》第十五条规定："监察机关应当坚决维护宪法确立的国家指导思想，加强对公职人员特别是领导人员坚持党的领导、坚持中国特色社会主义制度，贯彻落实党和国家路线方针政策、重大决策部署，履行从严管理监督职责，依法行使公权力等情况的监督。"

一是明确监察机关应当坚决维护宪法确立的国家指导思想。我国宪法明确规定了国家的指导思想，即马克思列宁主义、毛泽东思想、邓小平理论、"三个代表"重要思想、科学发展观、习近平新时代中国特色社会主义思想。监察机关依法开展监察监督，必须牢固树立宪法意识，坚决维护宪法确立的国家指导思想。

二是明确政治监督的监督对象和监督内容。监督对象是公职人员特别是领导人员。这一规定既涵盖全面又突出重点，强调对各级领导人员的监督，通过抓好"关键少数"带动"绝大多数"。监督内容是公职人员"坚持党的领导、坚持中国特色社会主义制度，贯彻落实党和国家路线方针政策、重大决策部署，履行从严管理监督职责，依法行使公权力"等情况。其中，"坚持党的领导、坚持中国特色社会主义制度"是宪法确立的根本原则。"贯彻落实党和国家路线方针政策、重大决策部署"是党中央明确的政治监督的重点内容。宪法规定，国家的根本任务是，沿着中国特色社会主义道路，集中力量进行社会主义现代化建设。《政务处分法》将贯彻执行中国共产党和国家的路线方针政策、重大决策部署明确为公职人员的法定义务。“履行从严管理监督职责”，主要指领导人员必须履行主体责任，依据管理权限加强对公职人员的管理监督。“依法行使公权力”是对公职人员特别是领导人员的一项明确政治要求。公权力是党的执政权的一部分，必须始终用来为人民谋幸福，厚植党的执政基础，必须得到有效制约和监督。习近平总书记强调，权力运行能否得到有效制约和监督，是评价一个国家政治制度是不是民主、有效的主要方面之一。因此，对“履行从严管理监督职责”和“依法行使公权力”进行监督，不能仅从一般的工作层面来看，而是要从政治上看，从大局、大势和大事上来把握。

（三）开展廉政教育

《监察法》第六条要求，国家监察工作要加强法治教育和道德教育，弘扬中华优秀传统文化；第十一条要求，监察机关要依法对公职人员开展廉政教育。在此基础上，《监察法实施条例》对廉洁教育的内容进一步予以细化。

《监察法实施条例》第十六条规定：“监察机关应当加强对公职人员理想教育、为人民服务教育、宪法法律法规教育、优秀传统文化教育，弘扬社会主义核心价值观，深入开展警示教育，教育引导公职人员树立正确的权力观、责任观、利益观，保持为民务实清廉本色。”

（四）开展日常监督

政治监督主要是从监督内容的角度进行规范，日常监督则主要从监督方式的角度作出规范。

《监察法实施条例》第十七条规定：“监察机关应当结合公职人员的职责加强日常监督，通过收集群众反映、座谈走访、查阅资料、召集或者列席会议、听取工作汇报和述责述廉、开展监督检查等方式，促进公职人员依法用权、秉公用权、廉洁用权。”

《监察法实施条例》立足监察工作实际，对实践中科学有效的做法进行梳理，明文列举出来，为各级监察机关灵活运用监督方式、有效开展日常监督提供了制度指引。

（五）开展谈心谈话

《监察法实施条例》第十八条规定：“监察机关可以与公职人员进行谈心谈话，发现政治品行、行使公权力和道德操守方面有苗头性、倾向性问题的，及时进行教育提醒。”

《监察法实施条例》把“谈心谈话”明确作为监察监督的方法之一，并规定了发现问题后的处理方式。在党内法规制度文件中，谈心谈话主要有两种含义。一种是广义的，指经常性的交流思想、交换意见。另一种是狭义的，指针对一般性问题的教育提醒。该条中的“谈心谈话”是指经常性的工作制度，而不是特指教育提醒性质的谈心谈话。因此，监察机关开展谈心谈话的对象，并不仅仅局限于存在问题的公职人员。

（六）专项监督

《监察法实施条例》第十九条规定：“监察机关对于发现的系统性、行业性的突出问题，以及群众反映强烈的问题，可以通过专项检查进行深入了解，督促有关机关、单位强化治理，促进公职人员履职尽责。”

《中国共产党纪律检查机关监督执纪工作规则》（以下简称《监督执纪工作规则》）第十九条规定：“纪检监察机关对监督中发现的突出问题，应当向有关党组织或者单位提出纪律检查建议或者监察建议，通过督促召开专题民主生活会、组织开展专项检查等方式，督查督办，推动整改。”相对于日常监督而言，专项检查的目标明确、内容聚焦、时间集中，能够更深入地了解和发现问题。《监察法实施条例》以《监察法》为依据，将专项监督法治化。

（七）以案促改

《监察法实施条例》第二十条规定：“监察机关应当以办案促进整改、以监督促进治理，在查清问题、依法处置的同时，剖析问题发生的原因，发现制度建设、权力配置、监督机制等方面存在的问题，向有关机关、单位提出改进工作的意见或者监察建议，促进完善制度，提高治理效能。”

监察机关绝不能只盯着眼前的事，就办案谈办案、就监督论监督，而是应当严格落实不敢腐、不能腐、不想腐一体推进要求，在监督、办案的同时，更进一步发现深层次问题，促进有关机关、单位有效整改、治理，实现监察工作的综合效果。

（八）监察监督与其他监督统筹衔接、贯通协调

《监察法实施条例》第二十一条规定：“监察机关开展监察监督，应当与纪律监督、派驻监督、巡视监督统筹衔接，与人大监督、民主监督、行政监督、司法监督、审计监督、财会监督、统计监督、群众监督和舆论监督等贯通协调，健全信息、资源、成果共享等机制，形成监督合力。”

监察监督与其他监督统筹衔接、贯通协调，包括三个层面内容：一是监察监督与纪律监督、派驻监督、巡视监督统筹衔接。党的十八大以来，党中央依靠强化党的自我监督和人民监督推进党的自我革命，一体推进党的纪律检查体制改革、国家监察体制改革和纪检监察机构改革，形成了纪律监督、监察监督、派驻监督、巡视监督“四个全覆盖”的权力监督格局。二是监察监督

与人大监督、民主监督、行政监督、司法监督、审计监督、财会监督、统计监督、群众监督和舆论监督等贯通协调。二十届中央纪委三次全会强调，要完善以党内监督为主导、各类监督贯通协调机制。纪检监察监督是党领导下的专责监督，处于党和国家监督体系的主干位置，应当发挥协助引导推动功能，促进完善监督体系，把权力置于严密监督之下。三是健全信息、资源、成果共享等机制，形成监督合力。具体工作中，监察机关应当充分利用自身职能优势，主动会同其他各类监督主体梳理贯通协调的事项清单及实践中的有效做法，合力破解遇到的问题困难、补齐工作短板，推动形成常态长效的工作机制。

二、关于调查职责

调查公职人员涉嫌职务违法和职务犯罪，是监察委员会的一项经常性工作。它是监察委员会开展廉政建设和反腐败工作，维护宪法和法律尊严的一项重要措施。对公职人员涉嫌职务违法和职务犯罪的调查，突出地体现了监察委员会作为国家反腐败工作机构的定位，体现了监察工作的特色，这项工作做好了，能有效地强化不敢腐的震慑，减少和遏制腐败行为的发生，维护宪法和法律尊严，保持公权力行使的廉洁性。调查的主要内容，包括涉嫌贪污贿赂、滥用职权、玩忽职守、权力寻租、利益输送、徇私舞弊以及浪费国家资财等职务违法和职务犯罪行为，基本涵盖了公职人员的腐败行为类型。《监察法》第十一条列举了公职人员 7 类主要的职务违法和职务犯罪行为。这些行为都是党的十八大以来通过执纪审查、巡视巡察等发现的比较突出的职务违法犯罪行为。其中，“贪污贿赂”，主要是指贪污、挪用、私分公共财物以及行贿受贿等破坏公权力行使廉洁性的行为；“滥用职权”，主要是指超越职权，违法决定、处理其无权决定、处理的事项，或者违反规定处理公务，致使公共财产、国家和人民利益遭受损失的行为；“玩忽职守”，主要是指公职人员严重不负责任，不履行或者不认真、不正确履行职责，致使公共财产、国家和人民利益遭受损失的行为；“徇私舞弊”，主要是指为了私情私利而用欺骗、包庇等方式从事违法的行为。有的行为与《中华人民共和国刑法》（以下简称《刑法》）规定的罪名和有关法律法规规定的违法行为不完全一一对应，但其实质是一致的。比如，“权力寻租”，主要是指公职人员利用手中的公权力，违反或者规避法律法规，谋取或者维护私利的行为；“利益输送”，主要是指公职人员利用职权或者职务影响，以违反或者规避法律法规的手段，将公共财产等利益不正当授受给有关组织、个人的行为；“浪费国家资财”，主要是指公职人员违反规定，挥霍公款、铺张浪费的行为。

《监察法实施条例》第二章第三节对监察机关调查

职责进行了专节规定。

（一）监察调查职责的总体规定

《监察法实施条例》第二十二条规定：“监察机关依法履行监察调查职责，依据监察法、《中华人民共和国公职人员政务处分法》（以下简称政务处分法）和《中华人民共和国刑法》（以下简称刑法）等规定对职务违法和职务犯罪进行调查。”

《监察法》是对国家监察工作起统领性和基础性作用的国家基本法律，是监察机关开展调查工作的基本遵循。《政务处分法》是全面系统规范公职人员政务处分工作的国家法律，是监察机关精准开展政务处分的明确法律依据。《刑法》是规定犯罪与刑罚的国家基本法律，其中对职务犯罪相关罪名的具体构成及量刑规则等的规定，是监察机关调查职务犯罪、收集固定证据的重要依据。监察机关应当严格依据相关法律规定，开展职务违法和职务犯罪调查工作。

（二）职务违法概念和类型

《监察法实施条例》第二十三条规定：“监察机关负责调查的职务违法是指公职人员实施的与其职务相关联，虽不构成犯罪但依法应当承担法律责任的下列违法行为：（一）利用职权实施的违法行为；（二）利用职务上的影响实施的违法行为；（三）履行职责不力、失职失责的违法行为；（四）其他违反与公职人员职务相关的特定义务的违法行为。”

关于职务违法的概念。从理论上讲，职务违法有狭义和广义之分，广义的职务违法包括职务犯罪。《监察法》规定的职务违法是狭义的职务违法，是与职务犯罪并列的范畴。根据《监察法实施条例》第二十三条规定，职务违法是指公职人员实施的与其职务相关联，虽不构成犯罪但依法应当承担法律责任的违法行为。(1）职务违法具有“职务相关性”，是与公职人员职务相关联的行为。(2）职务违法具有“违法性”。职务违法的“法”，是指规定公职人员职务职责和义务的法律法规。因此，这里的“违法”包括：违反《监察法》规定，违反《政务处分法》等专门对职务违法行为作出规定的法律法规规章的规定，违反其他规范公职人员履职行为的法律法规，违反国家监委依法制定的监察法规。(3）职务违法是具有“应受处罚性”且不构成犯罪的行为，这是职务违法与职务犯罪区分的关键。

关于职务违法的具体类型。根据职务违法的“职务相关性”具体情形的不同，《监察法实施条例》第二十三条规定将职务违法行为分为四类：第一类是利用职权实施的违法行为。其中的“职权”，既包括利用本人职务上主管、负责、承办某项公共事务的职权，也包括利用职务上有隶属、制约关系的其他公职人员的职权。如利用职务便利收受财物的违法行为，或者滥用职权实施的违法行为。第二类是利用职务上的影响实施的违法行为。其中，“职务上的影响”是指行为人与被其利用的公职人员之间在职务上虽然没有隶属、制约关系，但是行为人利用了本人职权或地位产生的影响和一定的工作联系。这种便利条件既包括现职公职人员利用本人现职权或者地位形成的便利条件，也包括离职公职人员利用本人原职权或者地位形成的便利条件。比如，一名公职人员通过请托与其在职务上没有隶属、制约关系的其他公职人员的方式干预市场经济活动，就属于此类职务违法行为。第三类是履行职责不力、失职失责的违法行为。如不履行或者不正确履行职责，玩忽职守，贻误工作的职务违法行为。第四类是其他违反与公职人员职务相关的特定义务的违法行为。这些特定义务与公职人员职务相对应，比如，公职人员应当按规定报告个人有关事项，办理因私出境证件需要经上级审批等，这些都属于公职人员特有的义务。上述义务同样与公权力行使密切相关，属于法律规定的公职人员履职要求，违反上述特定义务也属于职务违法行为。

（三）监察机关依法调查其他违法行为

《监察法实施条例》第二十四条第一款规定：“监察机关发现公职人员存在其他违法行为，具有下列情形之一的，可以依法进行调查、处置：（一）超过行政违法追究时效，或者超过犯罪追诉时效、未追究刑事责任，但需要依法给予政务处分的；（二）被追究行政法律责任，需要依法给予政务处分的；（三）监察机关调查职务违法或者职务犯罪时，对被调查人实施的事实简单、清楚，需要依法给予政务处分的其他违法行为一并查核的。”第二款规定：“监察机关发现公职人员成为监察对象前有前款规定的违法行为的，依照前款规定办理。”

根据《监察法》《政务处分法》的规定，需要依法给予公职人员政务处分的行为并不限于职务违法行为，而是对违法的公职人员均可以给予政务处分。《监察法》第十一条第三项、第五十二条第一款第二项以及《政务处分法》第二条等对此都进行了明确。同时，《监察法》第十一条第一项规定，监察机关对公职人员的道德操守具有监督检查的职责，实际上也涵盖了职务违法之外的有关违法行为，比如，《政务处分法》第四十条第一款第六项规定的严重违反家庭美德、社会公德的行为。与此相适应，《监察法》第十八条第一款规定，监察机关行使监督和调查职权，均有权依法向有关单位和个人了解情况，收集、调取证据。《政务处分法》第四十九条第二款规定，对受到行政处罚的公职人员，应当给予政务处分的，监察机关可以根据行政处罚决定认定的事实和情节，经立案调查核实后，依照本法给予政务处分。为了使需要依法给予政务处分的违法行为能够得到及时调查核实，《监察法实施条例》根据上述规定，明确监察机关对于职务违法行为之外的其他违法行为，在特定情况下可以依法进行调查、处置。需要注意的是，《监察法实施条例》同时也规定，监察机关发现依法由其他机关管辖的违法犯罪线索，应当及时移送有管辖权的机关。监察机关对职务违法行为之外的其他违法行为的调查不能大包大揽，应限定在《监察法实施条例》所规定的情形。

关于监察机关可以对公职人员其他违法行为进行调查、处置的三种情形。一是超过行政违法追究时效，或者超过犯罪追诉时效、未追究刑事责任，但需要依法给予政务处分的。对于此类行为，由于已过追究或追诉时效，其他机关不再追究其法律责任，监察机关无法根据其他机关的调查处理结论进行处置。在需要给予政务处分时，监察机关可以直接进行调查。具体又分为两种情形：第一种是超过行政违法追究时效，但需要依法给予政务处分的。我国法律对行政违法行为一般都规定了一定期间的追究时效，对于超出法定追究时效的违法行为，行政执法机关不再处罚。但是，对于监察机关开展政务处分工作，法律并未规定追究时效，体现了对公职人员更为严格的要求。对公职人员的此类违法行为，监察机关综合考虑违法情节轻重等因素，判断属于“需要依法给予政务处分的”，应当依法调查。第二种是超过犯罪追诉时效、未追究刑事责任，但需要依法给予政务处分的。就犯罪而言，《刑法》第八十七条基于法定最高刑的不同，分别规定了五年、十年、十五年和二十年的追诉时效。超过法定追诉时效的，不再追诉。需要注意的是，《监察法实施条例》第二十四条第一款第一项规定还设置了“未追究刑事责任”的条件。这主要是因为，根据《刑法》规定，对于法定最高刑为无期徒刑、死刑的犯罪，经报请最高人民检察院核准，可以在二十年之后进行追诉。在这种情况下，监察机关可以依据生效判决、裁定作出政务处分，不必再重复开展调查工作。此外，第二种情形同样应满足“需要依法给予政务处分”的条件。

二是被追究行政法律责任，需要依法给予政务处分的。《政务处分法》第四十九条第二款规定，公职人员依法受到行政处罚，应当给予政务处分的，监察机关可以根据行政处罚决定认定的事实和情节，经立案调查核实后，依照本法给予政务处分。《监察法实施条例》第一百八十一条第三款相应规定，对依法被追究行政法律责任的监察对象，需要给予政务处分的，应当依法办理立案手续。也就是说，要开展进一步调查工作。此处与上述规定作了衔接。

三是监察机关调查职务违法或者职务犯罪时，对被调查人实施的事实简单、清楚，需要依法给予政务处分的其他违法行为一并查核的。从实践情况来看，在调查职务违法犯罪过程中，对事实简单、清楚需要依法给予政务处分的非职务违法行为一并查核，有利于提高工作效率，保护被调查人合法权益。需要注意的是，非职务违法如果不是由被调查人本人实施，或者案情复杂，则应当按照《监察法实施条例》的有关规定移交有关职能部门进行调查，根据其调查结果再予以处置。

关于公职人员成为监察对象前有其他违法行为的，参照《监察法实施条例》第二十四条第一款规定办理的规定。这主要是考虑到，公职人员在国家治理体系中处于重要位置，相关法律法规对公职人员任职均规定了严格的条件。虽然相关违法行为发生在其成为监察对象之前，但仍影响对该公职人员的社会评价，进而影响公权力的公信力。有关人员隐瞒个人违法行为，在成为公职人员之后被发现的，无论是其隐瞒行为，还是之前的其他违法行为，均反映出该公职人员在道德操守方面存在问题，监察机关对符合《监察法实施条例》第二十四条第一款规定条件的可以依法进行调查、处置。

（四）关于职务犯罪调查职责的一般规定

《监察法实施条例》第二十五条规定："监察机关依法对监察法第十一条第二项规定的职务犯罪进行调查。"

《监察法实施条例》以《监察法》为依据，总结国家监察体制改革以来监察调查工作实践，在第二十六条至第三十一条以及第五十二条规定了监察机关的职务犯罪调查职责，共涉及101个罪名，将在本章第三节进行专门介绍。

（五）监察机关向有关机关移送违法犯罪线索和提出处理建议

《监察法实施条例》第三十二条第一款规定：“监察机关发现依法由其他机关管辖的违法犯罪线索，应当及时移送有管辖权的机关。”第二款规定：“监察机关调查结束后，对于应当给予被调查人或者涉案人员行政处罚等其他处理的，依法移送有关机关。”

《监察法》构建了监察机关和行政机关、司法机关等在线索处置方面的双向移送机制，实现了监察机关与有关机关在线索处置和责任追究方面的工作协调衔接。需要注意的是，《监察法实施条例》第三十二条第一款是对不同性质的数个违法犯罪行为，分别由不同机关依职权进行管辖；第二款是对同一个违法犯罪行为，先后由不同机关进行处理。

三、关于处置职责

处置职责主要包括四个方面内容：（1）对违法的公职人员依法作出政务处分决定。监察机关根据监督、调查结果，对违法的公职人员依照法定程序作出警告、记过、记大过、降级、撤职、开除等政务处分决定。

（2）对履行职责不力、失职失责的领导人员进行问责。这里所谓的“问责”，是指监察机关根据问责的有关规定，对不履行或者不正确履行职责的，按照管理权限对负有管理责任的领导人员作出问责决定，或者向有权作出问责决定的机关提出问责建议。问责的对象是公职人员中的领导人员。（3）对涉嫌职务犯罪的，将调查结果移送人民检察院依法审查、提起公诉。对被调查人涉嫌职务犯罪，监察机关经调查认为犯罪事实清楚，证据确实、充分的，制作起诉意见书，连同案卷材料、证据一并移送人民检察院依法审查、提起公诉。（4）对监察对象所在单位提出监察建议。监察建议是监察机关依照法定职权，根据监督、调查结果，对监察对象所在单位廉政建设和履行职责存在的问题等提出的。监察建议不同于一般的工作建议，它具有法律效力，被提出建议的有关单位无正当理由必须履行监察建议要求其履行的义务，否则，就要承担相应的法律责任。

《监察法实施条例》第二章第四节对监察机关处置职责进行了专节规定。

（一）政务处分是监察处置重要方式

《监察法实施条例》第三十三条规定：“监察机关对违法的公职人员，依据监察法、政务处分法等规定作出政务处分决定。”

规定该条的目的是对监察机关政务处分职责作出总

体性规定，明确开展政务处分工作的法律依据。需要注意的是，监察机关对职务违法之外的其他违法行为给予政务处分，应以《政务处分法》等法律法规规定的具体情形为依据，不能超越职权行使政务处分权。

（二）监察问责

《监察法实施条例》第三十四条第一款规定："监察机关在追究违法的公职人员直接责任的同时，依法对履行职责不力、失职失责，造成严重后果或者恶劣影响的领导人员予以问责。"第二款规定："监察机关应当组成调查组依法开展问责调查。调查结束后经集体讨论形成调查报告，需要进行问责的按照管理权限作出问责决定，或者向有权作出问责决定的机关、单位书面提出问责建议。"

该条规定是对《监察法》第十一条第三项"对履行职责不力、失职失责的领导人员进行问责"规定的细化和完善，旨在明确监察问责的情形、程序，推动监察机关规范开展监察问责工作。

关于监察问责的对象和情形。问责的对象是负有责任的领导人员。问责的情形是领导人员履行职责不力、失职失责，造成严重后果或者恶劣影响。目前，关于问责的综合性规定主要是《中国共产党问责条例》《关于实行党政领导干部问责的暂行规定》，这两部党内法规在问责情形的界定上均采用"造成严重后果或者恶劣影响”的标准。为促进执纪执法贯通，《监察法实施条例》在监察问责的情形界定上与其保持一致。《监察法实施条例》第三十四条第一款的规定将问责与追究直接责任区分开来，有利于指导实践中精准认定不同责任，防止以追究直接责任代替追究领导责任。监察问责与党内问责的对象有所不同，党内问责的对象包括在党的建设、党的事业中失职失责的党组织和党的领导干部，监察问责只限于履行职责不力、失职失责的领导人员，不包括有关单位。但二者的共同之处在于，针对个人开展的问责，问的是失职失责领导干部（人员）的领导责任，而不是违纪违法的直接责任。

关于监察问责的程序和主体。关于监察问责的程序，《监察法实施条例》规定了组成调查组和经集体讨论形成调查报告的要求。调查组是开展问责调查的基本组织形式，调查组人数可根据问责情形、工作需要等确定，但不能少于二人。经集体讨论形成调查报告是贯彻民主集中制原则的重要体现。需要说明的是，实践中，监察机关对已经被立案调查的领导人员问责的，可以对其失职失责问题一并调查，不再另行启动问责调查程序。

从问责决定主体的角度，监察问责可以分为两种：一种是开展问责调查的监察机关按照管理权限依法直接作出问责决定。《监察法实施条例》在第二百零四条对问责的方式作了进一步细化，包括通报、诫勉、政务处分等。另一种是开展问责调查的监察机关遵循“谁管理，向谁提出”的原则，向有管理权限、依法可以作出问责决定的机关、单位书面提出问责建议，由其对负有责任的领导人员进行问责。问责建议应当以书面形式提出，以体现问责建议的严肃性。

（三）移送审查起诉

《监察法实施条例》第三十五条规定：“监察机关对涉嫌职务犯罪的人员，经调查认为犯罪事实清楚，证据确实、充分，需要追究刑事责任的，依法移送人民检察院审查起诉。”

该条是对《监察法》第十一条第三项规定的细化，对监察机关移送审查起诉工作作出总体性规定。

关于移送审查起诉的主体和对象。主体是监察机关，包括监察委员会，以及根据授权调查职务犯罪案件的派驻或者派出监察机构、监察专员；对象是涉嫌职务犯罪的人员，包括涉嫌职务犯罪的公职人员，涉嫌行贿犯罪、介绍贿赂犯罪、共同职务犯罪或者利用影响力受贿罪的非公职人员等。

（四）提出监察建议

《监察法实施条例》第三十六条第一款规定：“监察机关根据监督、调查结果，发现监察对象所在单位在廉政建设、权力制约、监督管理、制度执行以及履行职责等方面存在问题需要整改纠正的，依法提出监察建议。”第二款规定：“监察机关应当跟踪了解监察建议的采纳情况，指导、督促有关单位限期整改，推动监察建议落实到位。”

该条是对《监察法》第十一条第三项规定的细化，明确了监察建议的提出情形和推动落实的工作要求。

监察建议不是一般性的工作建议，而是具有法定的效力。根据《监察法》第七十一条的规定，有关单位无正当理由拒不采纳监察建议的，由相关主管部门、上级机关责令改正，对单位给予通报批评。《监察法实施条例》第三十六条第二款在《监察法》第七十一条规定的基础上，进一步要求监察机关跟踪了解监察建议的采纳情况，防止“一提了之”。《监察法实施条例》第三十六条第二款与《监察法实施条例》第二百零五条第二款关于监察建议整改期限的规定相衔接，还专门强调了监察机关应当指导、督促有关单位“限期整改”。实践中，监察机关应当完善监察建议提出、督办、反馈和回访监督机制，确保所提问题及时整改到位。

第三节　监察机关管辖的罪名

根据《监察法》第十一条规定，监察机关调查的职务犯罪行为主要包括涉嫌贪污贿赂、滥用职权、玩忽职守、权力寻租、利益输送、徇私舞弊以及浪费国家资财等行为。《监察法实施条例》第二十六条至第三十一条以及第五十二条结合《刑法》的规定，具体列举了监察机关负责调查的职务犯罪罪名。监察机关有权管辖的职务犯罪包括六大类，共涉及101个罪名。

这些罪名的管辖具体包括三种情况：一是监察机关专属管辖的罪名。包括贪污罪、受贿罪、行贿罪等贪污贿赂类犯罪，环境监管失职罪、放纵走私罪等滥用职权、玩忽职守、徇私舞弊类犯罪。二是监察机关与公安机关共同管辖的罪名。包括非国家工作人员受贿罪、职务侵占罪、故意泄露国家秘密罪等。三是监察机关与人民检察院共同管辖的罪名。也就是依据《中华人民共和国刑事诉讼法》（以下简称《刑事诉讼法》）第十九条第二款规定，可以由人民检察院管辖的相关犯罪所涉及的罪名。

这101个罪名既是监察机关调查职务犯罪的责任清单，也是对公职人员特别是领导干部履行职责的底线要求和负面清单，是规范公权力行使的制度笼子。

一、贪污贿赂犯罪

（一）贪污贿赂犯罪罪名

贪污贿赂犯罪，是指公职人员或国有单位利用职务上的便利实施的贪污、受贿以及与贪污、受贿犯罪密切相关的侵犯公职人员职务廉洁性的犯罪行为。具体包括贪污罪，挪用公款罪，受贿罪，单位受贿罪，利用影响力受贿罪，行贿罪，对有影响力的人行贿罪，对单位行贿罪，介绍贿赂罪，单位行贿罪，巨额财产来源不明罪，隐瞒境外存款罪，私分国有资产罪，私分罚没财物罪，以及公职人员在行使公权力过程中实施的职务侵占罪，挪用资金罪，对外国公职人员、国际公共组织官员行贿罪，非国家工作人员受贿罪和相关联的对非国家工作人员行贿罪。

（二）常见贪污贿赂犯罪行为的把握

1. 贪污罪

贪污罪，是指国家工作人员或受国家机关、国有公司、企业、事业单位、人民团体委托管理、经营国有财产的人员，利用职务上的便利，侵吞、窃取、骗取或者以其他手段非法占有公共财物的行为。

本罪的构成要件。本罪的主体是国家工作人员，同时根据《刑法》第三百八十二条第二款的规定，受国家机关、国有公司、企业、事业单位、人民团体委托管理、经营国有财产的人员也是贪污罪的主体。主观方面为故意，即行为人明知自己的行为会发生侵害公职人员职务廉洁性和公共财产所有权的危害结果，并希望或放任这种结果发生，同时行为人还要具有非法占有目的。客观方面包括行为条件和行为手段两个方面，行为条件即利用职务上的便利，行为手段即以侵吞、窃取、骗取或者其他手段非法占有公共财物。本罪侵犯的客体是公职人员的职务廉洁性，同时还包括公共财物的所有权。

本罪与关联罪名的区分。贪污罪与职务侵占罪的区分关键在于行为主体的身份，贪污罪的主体是国家工作人员，职务侵占罪的主体是公司、企业或者其他单位的工作人员。需要注意的是，根据《刑法》第二百七十一条第二款的规定，国有公司、企业或者其他国有单位中从事公务的人员和国有公司、企业或者其他国有单位委派到非国有公司、企业以及其他单位从事公务的人员，利用职务上的便利，将本单位财物非法占为己有数额较大的，应当依照《刑法》第三百八十二条、第三百八十三条的规定定罪处罚，也就是按照贪污罪定罪处罚。实践中，还要注意把握贪污罪与受贿罪的区别。比如，经济往来中，国家工作人员利用签订、履行合同的职务便利，经由交易对方以回扣、手续费等形式给付其个人财物，不能一概认定为受贿行为，而应当根据所获得财物属于对方单位，还是属于行为人所在单位判断。如果回扣、手续费属于本单位的额外支出或者应得利益，侵犯的是本单位财产权益，属于变相贪污行为。

2. 挪用公款罪

挪用公款罪，是指国家工作人员利用职务上的便利，挪用公款归个人使用，进行非法活动的，或者挪用公款数额较大、进行营利活动的，或者挪用公款数额较大、超过三个月未还的行为。

本罪的构成要件。本罪的主体是特殊主体，即国家工作人员。其范围包括国家机关中从事公务的人员，国有公司、企业、事业单位、人民团体中从事公务的人员，以及国家机关、国有公司、企业、事业单位委派到非国有公司、企业、事业单位、社会团体从事公务的人员，其他依照法律从事公务的人员。主观方面是故意，即行为人明知是公款而挪用，目的是非法使用公款满足个人的需要。客观方面表现为利用职务上的便利，挪用公款归个人使用的行为。本罪侵犯的客体是国家工作人员职务的廉洁性和公有款项的占有、使用、收益三项权能。

本罪与关联罪名的区分。挪用公款罪与贪污罪的区分。一是主体不同。挪用公款罪的主体仅限于国家工作人员；而贪污罪的主体除了国家工作人员外，还包括受国家机关、国有公司、企业、事业单位、人民团体委托管理、经营国有财产的人员。二是主观方面不同。挪用公款罪的主观目的是非法使用公款，将来要归还；贪污罪的主观目的是非法占有公共财物。

3. 受贿罪

受贿罪，是指国家工作人员利用职务上的便利，索取他人财物的，或者非法收受他人财物，为他人谋取利益的行为。

本罪的构成要件。本罪的主体是国家工作人员。主观方面表现为故意，即行为人明知利用职务上的便利索取财物，或者收受他人财物，为他人谋取利益的行为会产生损害国家工作人员职务廉洁性和不可收买性的危害后果，仍希望或放任这种后果发生。客观方面是利用职务上的便利，索取他人财物，或者非法收受他人财物，为他人谋取利益的行为。侵犯的客体是国家工作人员职务行为的廉洁性和不可收买性。

本罪与关联罪名的区分。受贿罪与敲诈勒索罪的区分。受贿罪中的索贿特别是国家工作人员强行索取他人财物的行为，与敲诈勒索行为有相似之处，有时难以区分。认定的关键在于行为人是否利用了职务上的便利，如果行为人以非法占有为目的，利用职务上的便利，使用威胁、要挟的手段强行索取他人财物，数额较大的，属于敲诈勒索和索取贿赂的想象竞合，应当从一重处罚。受贿罪与诈骗罪的区分。有的行为人根本不想利用职务上的便利为请托人谋取利益，客观上也没有利用职务上的便利为他人谋取任何利益，但谎称可以帮忙，进而索取或收受他人财物，应当区别不同情况进行处理。如果行为人承诺帮忙且具有可以利用的职务上的便利，收受他人财物的，应认定为受贿；如果行为人根本没有可以利用的职务上的便利，无法为他人谋取利益，但谎称可以办到，因此收受他人财物的，应认定为诈骗。

4. 行贿罪

行贿罪，是指为谋取不正当利益，给予国家工作人员以财物，或者在经济往来中违反国家规定，给予国家工作人员以财物或者各种名义的回扣、手续费的行为。

本罪的构成要件。本罪的主体是一般主体，任何达到刑事责任年龄，具有刑事责任能力的自然人均可成为本罪主体。单位不构成行贿罪的主体。主观方面为故意，并且有谋取不正当利益的目的。客观方面表现为两种情形：一是为谋取不正当利益，给予国家工作人员以财物；二是在经济往来中违反国家规定，给予国家工作人员以财物或者各种名义的回扣、手续费。本罪侵犯的客体是国家工作人员职务行为的廉洁性和不可收买性。

本罪与关联罪名的区分。行贿罪与对有影响力的人行贿罪的区别在于犯罪对象不同，行贿罪的对象是国家工作人员，而对有影响力的人行贿罪的对象则是与国家工作人员关系密切的人。

二、滥用职权犯罪

（一）滥用职权犯罪罪名

滥用职权犯罪，是指公职人员故意逾越职权，违法决定、处理其无权处理的事项或者违反规定处理公务，致使公共财产、国家和人民利益遭受重大损失的犯罪行为。具体包括滥用职权罪，国有公司、企业、事业单位人员滥用职权罪，滥用管理公司、证券职权罪，食品、药品监管渎职罪，故意泄露国家秘密罪，报复陷害罪，阻碍解救被拐卖、绑架妇女、儿童罪，帮助犯罪分子逃避处罚罪，违法发放林木采伐许可证罪，办理偷越国（边）境人员出入境证件罪，放行偷越国（边）境人员罪，挪用特定款物罪，非法剥夺公民宗教信仰自由罪，侵犯少数民族风俗习惯罪，打击报复会计、统计人员罪，以及司法工作人员以外的公职人员利用职权实施的非法拘禁罪、虐待被监管人罪、非法搜查罪。

（二）常见滥用职权犯罪行为的把握

1. 滥用职权罪

滥用职权罪，是指国家机关工作人员违反法律规定的权限和程序，滥用职权，致使公共财产、国家和人民利益遭受重大损失的行为。

本罪的构成要件。本罪的主体为国家机关工作人员。主观方面是故意。客观方面是滥用职权行为。滥用职权行为在客观上表现为以下两种情形：一是违反法律规定的权限行使职权。任何权力都有一定的边界，因此，国家机关工作人员在行使职权的时候，必须严格在法律规定范围内行使，而不得超越法律规定的限度。违反法律规定的权限行使职权就是一种滥用职权的行为。二是违反法律规定的程序行使职权。任何权力都必须根据一定的程序行使，违反法律规定的程序行使职权也是一种滥用职权的行为。本罪侵犯的客体为国家机关的正常管理活动。

本罪与非罪的界限。根据《刑法》的规定，成立滥用职权罪，首先必须有滥用职权的行为，如果行为人没有滥用职权，完全是在具体的职权范围内依法客观公正地处理事项，则不能认定为滥用职权罪。但另一方面，不能为了给行为人开脱罪责，而扩大行为人具体的职权范围；也不能以属于官僚主义为由开脱行为人的罪责，因为官僚主义行为中包括了滥用职权的行为。其次要求行为造成重大损失，对于没有造成重大损失的滥用职权行为，不能认定为滥用职权罪。但另一方面，对作为本罪构成要件要素的“重大损失”，不能仅限于有形的损失，还应包括无形的损失。

2. 国有公司、企业、事业单位人员滥用职权罪

国有公司、企业、事业单位人员滥用职权罪，是指国有公司、企业的工作人员滥用职权，造成国有公司、企业破产或者严重损失，致使国家利益遭受重大损失，以及国有事业单位的工作人员滥用职权，致使国家利益遭受重大损失的行为。

本罪的构成要件。本罪的主体为特殊主体，即国有公司、企业、事业单位的工作人员。本罪的主观方面只能由故意构成。客观方面表现为国有公司、企业的工作人员滥用职权，造成国有公司、企业破产或者严重损失，致使国家利益遭受重大损失，以及国有事业单位的

工作人员滥用职权，致使国家利益遭受重大损失的行为。本罪侵犯的客体是国有公司、企业、事业单位的财产权益和社会主义市场经济秩序。

本罪与关联罪名的区分。国有公司、企业、事业单位人员滥用职权罪与滥用职权罪有许多相似之处，如在客观上都表现为行为人在工作中不正确履行依其职责应当履行的义务或者超越职权处理事项。但两罪在本质上具有明显区别：一是两罪的主体都是特殊主体，但特指的对象不同。国有公司、企业、事业单位人员滥用职权罪的犯罪主体为国有公司、企业、事业单位的工作人员，而滥用职权罪的犯罪主体是国家机关工作人员。二是犯罪的客观方面不同。国有公司、企业、事业单位人员滥用职权罪的滥用职权行为表现在国有公司、企业、事业单位的经营、运营过程中，犯罪结果是使国家利益遭受重大损失；而滥用职权罪的滥用职权行为表现在国家机关工作当中，犯罪结果是使公共财产、国家和人民的利益遭受重大损失。三是犯罪客体不同。国有公司、企业、事业单位人员滥用职权罪侵犯的客体是国有公司、企业、事业单位的财产权益和社会主义市场经济秩序，而滥用职权罪侵犯的客体是国家机关的正常管理活动。

3. 报复陷害罪

报复陷害罪，是指国家机关工作人员滥用职权、假公济私，对控告人、申诉人、批评人、举报人实行报复陷害的行为。

本罪的构成要件。本罪的主体是特殊主体，即国家机关工作人员。主观方面表现为直接故意，并且具有报复陷害他人的目的。客观方面表现为滥用职权、假公济私，对控告人、申诉人或批评人、举报人实行打击报复陷害的行为。侵犯的客体是公民的民主权利和国家机关的正常活动。

本罪与关联罪名的区分。报复陷害罪和打击报复证人罪两者的区别在于：一是主体不同。报复陷害罪的主体为特殊主体，即只有国家机关工作人员才能构成本罪。打击报复证人罪的主体为一般主体，凡年满 16 周岁具有刑事责任能力的人都可构成本罪，行为人既可以是国家工作人员，也可以是一般公民。二是犯罪的客观方面不同。报复陷害罪的客观方面表现为行为人利用手中的职权，假公济私，对他人进行报复陷害的行为。其侵害的对象只限于控告人、申诉人、批评人、举报人。打击报复证人罪的客观方面表现为对证人进行打击报复的行为。既可以是行为人利用手中职权，假公济私，对证人进行打击报复，也可以是行为人没有利用职权而对证人采用恐吓、行凶、伤害等手段进行报复。打击报复证人罪侵害的对象只能是依法作证的证人。

三、玩忽职守犯罪

（一）玩忽职守犯罪罪名

玩忽职守犯罪，是指公职人员对工作严重不负责任，致使公共财产、国家和人民利益遭受重大损失的犯罪行为。具体包括玩忽职守罪，国有公司、企业、事业单位人员失职罪，签订、履行合同失职被骗罪，国家机关工作人员签订、履行合同失职被骗罪，环境监管失职罪，传染病防治失职罪，商检失职罪，动植物检疫失职罪，不解救被拐卖、绑架妇女、儿童罪，失职造成珍贵文物损毁、流失罪，过失泄露国家秘密罪。

（二）常见玩忽职守犯罪行为的把握

1. 玩忽职守罪

玩忽职守罪，是指国家机关工作人员严重不负责任，不履行或者不认真履行职责，致使公共财产、国家和人民利益遭受重大损失的行为。

本罪的构成要件。本罪的主体是国家机关工作人员。主观方面是过失。客观方面是严重不负责任，不履行或者不正确履行职责，致使公共财产、国家和人民利益遭受重大损失的行为。本罪侵犯的客体是国家机关的正常管理活动。

本罪与非罪的界限。玩忽职守罪与一般玩忽职守行为的区别在于是否造成了公共财产、国家和人民利益的重大损失。在这方面要防止两种倾向：一种倾向是，认为在改革开放的形势下，由于各种规章制度不健全，许多工作具有探索性，因此，国家机关工作人员的失误不可避免，并以此为由将构成玩忽职守罪的行为认定为一般玩忽职守行为，不追究行为人的刑事责任；或者以行为属于官僚主义为由，将玩忽职守罪仅作党纪、政务处理。另一种倾向是，将国家机关工作人员的一切失职行为，都当作玩忽职守罪处理。当前特别要防止前一种倾向，改革开放不意味着可以犯玩忽职守罪，官僚主义行为中也有构成玩忽职守罪的行为。

本罪与关联罪名的区分。玩忽职守罪与滥用职权罪的区别在于行为方式与主观要件不同：玩忽职守罪是疏忽、不认真履行职责的行为，滥用职权罪是一种积极利用、违背职责的行为（但不限于作为）；玩忽职守罪是过失犯罪，滥用职权罪是故意犯罪。

2. 国有公司、企业、事业单位人员失职罪

国有公司、企业、事业单位人员失职罪，是指国有公司、企业的工作人员，由于严重不负责任，造成国有公司、企业破产或者严重损失，致使国家利益遭受重大损失，以及国有事业单位的工作人员由于严重不负责任，致使国家利益遭受重大损失的行为。

本罪的构成要件。本罪的主体为特殊主体，即国有公司、企业、事业单位的工作人员。主观方面只能由过失构成。客观方面表现为国有公司、企业的工作人员，

由于严重不负责任，造成国有公司、企业破产或者严重损失，致使国家利益遭受重大损失，以及国有事业单位的工作人员由于严重不负责任，致使国家利益遭受重大损失的行为。侵犯的客体是国有公司、企业、事业单位的财产权益和社会主义市场经济秩序。

本罪与关联罪名的区分。国有公司、企业、事业单位人员失职罪与玩忽职守罪有许多相似之处，如在客观上都表现为行为人在工作中严重不负责任、不认真、不正确履行依其职责应当履行的义务。两罪在本质上具有明显区别，表现在：一是犯罪主体不同。两罪的主体都是特殊主体，但特指的对象不同，国有公司、企业、事业单位人员失职罪的主体为国有公司、企业、事业单位的工作人员，而玩忽职守罪的主体是国家机关工作人员。二是犯罪的客观方面不同。国有公司、企业、事业单位人员失职罪的玩忽职守行为表现在国有公司、企业、事业单位的经营、运营过程中，犯罪结果是使国家利益遭受重大损失；而玩忽职守罪的玩忽职守行为表现在国家机关工作当中，犯罪结果是使公共财产、国家和人民的利益遭受重大损失。三是犯罪客体不同。国有公司、企业、事业单位人员失职罪侵犯的客体是国有公司、企业、事业单位的财产权益和社会主义市场经济秩序，而玩忽职守罪侵犯的客体是国家机关的正常管理活动。

3. 过失泄露国家秘密罪

过失泄露国家秘密罪，是指国家机关工作人员或其他有关人员违反保守国家秘密法，无意地泄露国家秘密，或者遗失秘密文件，致使国家秘密被不应知悉者知悉，或者超出限定的接触范围，情节严重的行为。

本罪的构成要件。本罪的主体多为国家机关工作人员，但了解国家秘密的非国家工作人员也可以构成本罪。主观方面是过失。客观方面是将国家秘密无意地泄露给不应知悉者，或者遗失秘密文件，而使国家秘密超出限定的接触范围。本罪侵犯的客体是国家秘密。

本罪的罪数。行为人非法获取国家秘密后又加以过失泄露的，不实行数罪并罚，应依照其中的一罪从重处罚，由于非法获取国家秘密罪属于行为犯，不以情节严重为必要。因此，宜以非法获取国家秘密罪从重论处。

本罪与关联罪名的区分。过失泄露国家秘密罪与过失泄露军事秘密罪的区分。军人过失泄露军事秘密的，应以特别法条规定的过失泄露军事秘密罪治罪。非军人过失泄露军事秘密，构成犯罪的，仍是过失泄露国家秘密罪，而不是过失泄露军事秘密罪。

四、徇私舞弊犯罪

（一）徇私舞弊犯罪罪名

徇私舞弊犯罪，是指公职人员为谋取私利，违法行使职权，弄虚作假，严重损害国家、集体利益的犯罪行为。具体包括徇私舞弊低价折股、出售公司、企业资产罪，非法批准征收、征用、占用土地罪，非法低价出让国有土地使用权罪，非法经营同类营业罪，为亲友非法牟利罪，枉法仲裁罪，徇私舞弊发售发票、抵扣税款、出口退税罪，商检徇私舞弊罪，动植物检疫徇私舞弊罪，放纵走私罪，放纵制售伪劣商品犯罪行为罪，招收公务员、学生徇私舞弊罪，徇私舞弊不移交刑事案件罪，违法提供出口退税凭证罪，徇私舞弊不征、少征税款罪。

（二）常见徇私舞弊犯罪行为的把握

1. 非法经营同类营业罪

非法经营同类营业罪，是指国有公司、企业的董事、监事、高级管理人员利用职务便利，或者其他公司、企业的董事、监事、高级管理人员违反法律、行政法规规定，自己经营或者为他人经营与其所任职公司、企业同类的营业，获取非法利益，数额巨大的行为。

本罪的构成要件。本罪的主体为特殊主体，即国有公司、企业的董事、监事、高级管理人员和其他公司、企业的董事、监事、高级管理人员。主观方面是出于故意，且具有获取非法利益的目的，即明知自己经营或为他人经营的业务与自己所任职公司、企业经营的业务属于同一种类，出于获取非法利益的目的，仍然决意进行经营。客观方面表现为利用职务便利，自己经营或者为他人经营与其所任职公司、企业同类的营业，获取非法利益，数额巨大的行为。侵犯的客体为公司、企业的财产权益以及国家对公司、企业的管理制度。

本罪与关联罪名的区分。非法经营同类营业罪与非国家工作人员受贿罪在犯罪的主观方面均为故意，都有获取非法利益的目的，但两罪在本质上具有明显区别，表现在：一是犯罪主体不同。非法经营同类营业罪的犯罪主体为国有公司、企业的董事、监事、高级管理人员和其他公司、企业的董事、监事、高级管理人员，非国家工作人员受贿罪的犯罪主体为公司、企业中不具有国家工作人员身份的工作人员。二是犯罪的客观方面不同。两罪在客观方面都具有利用职务之便的特征，但获取非法利益所采取的客观手段有所不同。非法经营同类营业罪是行为人利用职务便利，自己经营或者为他人经营与其所任职公司、企业同类的营业，主要通过“竞业经营”来获取非法利益；非国家工作人员受贿罪则是行为人利用职务便利，通过索取或非法收受他人财物的方式，获取非法利益。

2. 为亲友非法牟利罪

为亲友非法牟利罪，是指国有公司、企业、事业单位的工作人员或者其他公司、企业的工作人员，利用职务便利，将本单位的盈利业务交由自己的亲友进行经营，或者以明显高于市场的价格从自己的亲友经营管理的单位采购商品、接受服务，或者以明显低于市场的价格向自己的亲友经营管理的单位销售商品、提供服务，或者从自己的亲友经营管理的单位采购、接受不合格商品、服务，使国家利益遭受重大损失的行为。

本罪的构成要件。本罪的主体为特殊主体，包括国有公司、企业、事业单位的工作人员和其他公司、企业的工作人员。主观方面只能由故意构成，并具有非法牟利的目的，即行为人明知自己利用职务便利为亲友进行经营活动提供便利条件是一种背信经营的行为，但为获取非法利益仍故意实施这种行为。客观方面表现为利用职务便利，非法为自己的亲友进行经营活动提供便利，致使国家利益遭受重大损失的行为。本罪侵犯的客体是国有公司、企业、事业单位和其他公司、企业的财产权益以及国家对公司、企业的管理制度。

本罪与关联罪名的区分。为亲友非法牟利罪与国有公司、企业、事业单位人员滥用职权罪的区分。两罪在本质上具有明显区别，表现在：一是犯罪客观表现不同。为亲友非法牟利罪表现为国有公司、企业、事业单位的工作人员或者其他公司、企业的工作人员利用职务便利，为自己的亲友进行经营活动，非法提供便利，致使国家利益遭受重大损失的行为；而国有公司、企业、事业单位人员滥用职权罪表现为国有公司、企业的工作人员滥用职权，造成国有公司、企业破产或者严重损失，致使国家利益遭受重大损失，以及国有事业单位的工作人员滥用职权，致使国家利益遭受重大损失的行为。二是犯罪主观表现不同。为亲友非法牟利罪在主观上具有非法牟利的目的，而国有公司、企业、事业单位人员滥用职权罪的成立不要求具有非法牟利的目的。

五、重大责任事故犯罪

（一）重大责任事故犯罪罪名

重大责任事故犯罪，具体包括重大责任事故罪，教育设施重大安全事故罪，消防责任事故罪，重大劳动安全事故罪，强令、组织他人违章冒险作业罪，危险作业罪，不报、谎报安全事故罪，铁路运营安全事故罪，重大飞行事故罪，大型群众性活动重大安全事故罪，危险物品肇事罪，工程重大安全事故罪。

（二）常见重大责任事故犯罪行为的把握

1. 重大责任事故罪

重大责任事故罪，是指在生产、作业中违反有关安全管理的规定，因而发生重大伤亡事故或者造成其他严重后果的行为。

本罪的构成要件。重大责任事故罪的主体是特殊主体，即直接从事生产、作业的人员。主观方面表现为过失。客观方面表现为在生产、作业中违反有关安全管理的规定，因而发生重大伤亡事故或者造成其他严重后果的行为。本罪侵犯的客体是生产、作业的安全。

本罪与非罪的界限。应当注意以下两种情况：一是重大责任事故罪与自然事故、技术事故及技术革新和科学试验失败的界限。区分本罪与这几种情况的关键是看行为人主观上是否存在过失，以及客观上是否存在违反安全管理规定的行为。如果行为人主观上并不存在过失，而是由于不可预料的因素导致事故出现的，不构成犯罪。二是重大责任事故罪与一般责任事故的界限。两者的根本区别在于危害的严重程度不同。造成重大伤亡事故或其他严重后果的，构成重大责任事故罪；没有造成上述严重后果的，属于一般责任事故，不构成犯罪。

2. 消防责任事故罪

消防责任事故罪，是指违反消防管理法规，经消防监督管理机构通知采取改正措施而拒绝执行，造成严重后果的行为。

本罪的构成要件。消防责任事故罪的主体是特殊主体，即负有防火安全职责的直接人员。主观方面表现为过失，包括疏忽大意和过于自信的过失。客观方面表现为违反消防管理法规，经消防监督管理机构通知采取改正措施而拒绝执行，造成严重后果的行为。侵犯的客体是公共安全和国家消防监督管理制度。

本罪与关联罪名的区分。消防责任事故罪与失火罪的区别表现为：一是犯罪主体不同。消防责任事故罪的主体是特殊主体，即负有防火安全职责的直接人员；而失火罪的主体为一般主体，凡达到刑事责任年龄具备刑事责任能力的人都可成为失火罪的主体。二是客观方面不同。消防责任事故罪客观方面表现为违反消防管理法规，经消防监督管理机构通知采取改正措施而拒绝执行，造成严重后果的行为；而失火罪的客观方面表现为因过失而导致火灾发生。因此，如果行为人虽然违反消防管理法规，但消防监督机构没有通知采取整改措施，或者消防监督机构通知采取整改措施后确实也进行了整改，但仍发生火灾的，一般只能认定为失火罪。

消防责任事故罪与重大责任事故罪的区别表现为：一是客观方面不同。消防责任事故罪客观方面表现为违反消防管理法规，经消防监督管理机构通知采取改正措施而拒绝执行，造成严重后果的行为；而重大责任事故罪客观方面则表现为在生产、作业中违反有关安全管理的规定，因而发生重大伤亡事故或其他特别严重后果的行为。二是犯罪主体范围不同。消防责任事故罪的主体为负有防火安全职责的直接人员，而重大责任事故罪的主体为直接从事生产、作业的人员。三是注意义务内容不同。消防责任事故罪中，行为人违反的是确保本单位防火安全的注意义务；而重大责任事故罪中，行为人违反的是在生产、作业过程中安全生产经营的注意义务。

3. 重大劳动安全事故罪

重大劳动安全事故罪，是指安全生产设施或者安全生产条件不符合国家规定，因而发生重大伤亡事故或者造成其他严重后果的行为。

本罪的构成要件。重大劳动安全事故罪的主体是特殊主体，即生产单位的主管与直接负责安全设施和条件的人员。主观方面表现为过失。客观方面表现为安全生产设施或安全生产条件不符合国家规定，因而发生重大伤亡事故或者造成其他严重后果的行为。侵犯的客体是安全生产管理秩序和公共安全。

本罪与关联罪名的区分。重大劳动安全事故罪与重大责任事故罪的区分。一是主体不同。前者的主体是生产单位的主管与直接负责安全设施和条件的人员，而后者的主体是直接从事生产、作业的人员。二是危害行为表现不同。前者的危害行为表现为配置安全生产设施或者提供安全生产条件不符合国家规定，或者明知安全生产设施或者安全生产条件不符合国家规定，而不采取措施加以解决；后者的危害行为表现为在生产、作业中违反有关安全管理的规定。

六、公职人员其他犯罪

（一）公职人员其他犯罪罪名

公职人员在行使公权力过程中涉及的其他犯罪。具体包括破坏选举罪，背信损害上市公司利益罪，金融工作人员购买假币、以假币换取货币罪，利用未公开信息交易罪，诱骗投资者买卖证券、期货合约罪，背信运用受托财产罪，违法运用资金罪，违法发放贷款罪，吸收客户资金不入账罪，违规出具金融票证罪，对违法票据承兑、付款、保证罪，非法转让、倒卖土地使用权罪，私自开拆、隐匿、毁弃邮件、电报罪，故意延误投递邮件罪，泄露不应公开的案件信息罪，披露、报道不应公开的案件信息罪，接送不合格兵员罪。

（二）常见公职人员其他犯罪行为的把握

1. 破坏选举罪

破坏选举罪，是指在选举各级人民代表大会代表和国家机关领导人员时，以暴力、威胁、欺骗、贿赂、伪造选举文件、虚报选举票数等手段破坏选举或者妨害选民和代表自由行使选举权和被选举权，情节严重的行为。

本罪的构成要件。破坏选举罪的主体是一般主体，可以是普通公民，也可以是国家机关工作人员。主观方面表现为故意，而且一般具有破坏选举活动的目的。因工作失误对选举活动造成损害的，不构成本罪。客观方面表现为行为人违反选举法的规定，采用暴力、威胁、欺骗、贿赂等手段破坏选举活动的正常进行，或者妨害公民自由行使选举权和被选举权的行为。侵犯的客体是公民的选举权和被选举权，以及国家的选举制度。

本罪与关联罪名的区分。破坏选举罪与寻衅滋事罪的区分：一是两罪的主观方面不同。两罪都为故意犯罪，但行为人认知的内容不同。破坏选举罪要求行为人明知自己的行为会妨害选举活动的进行或者妨害选民和代表自由行使选举权和被选举权，而希望或放任这种结果的发生，其目的往往是出于个人政治上的野心，或者是发泄个人的不满等；寻衅滋事罪要求行为人明知自己的行为会发生破坏社会秩序的危害后果，而希望或者放任这种结果的发生，其目的往往是为了满足要威风、取乐等不正常的精神刺激或其他不健康的心理需要。二是客观方面不同。破坏选举罪要求行为人的行为必须发生在选举各级人民代表大会代表和国家机关领导人员时，其客观方面的具体表现为行为人以暴力、威胁、欺骗、贿赂、伪造选举文件、虚报选举票数等手段破坏选举，或者妨害选民和代表自由行使选举权和被选举权。寻衅滋事罪的客观方面有四种表现：其一，随意殴打他人，情节恶劣的；其二，追逐、拦截、辱骂他人，情节恶劣的；其三，强拿硬要或者任意毁损、占用公私财物，情节严重的；其四，在公共场所起哄闹事，造成公共场所秩序严重混乱的。其行为没有明确的时间要求。可见，破坏选举罪的犯罪手段较为多样化；寻衅滋事罪的犯罪手段相对而言，较为单一，主要表现为暴力。从犯罪对象上看，破坏选举罪侵犯的对象主要是选民和代表，寻衅滋事罪的侵犯对象则通常为不特定的人或者财物。三是侵犯的客体不同。破坏选举罪侵犯的客体为公民的选举权和被选举权以及国家的选举制度；寻衅滋事罪侵犯的客体是社会公共秩序，即人们遵守共同生产生活规则而形成的正常秩序。

2. 利用未公开信息交易罪

利用未公开信息交易罪，是指证券交易所、期货交易所、证券公司、期货经纪公司、基金管理公司、商业银行、保险公司等金融机构的从业人员以及有关监管部门或者行业协会的工作人员，利用因职务便利获取的内幕信息以外的其他未公开的信息，违反规定，从事与该信息相关的证券、期货交易活动，或者明示、暗示他人从事相关交易活动，情节严重的行为。

本罪的构成要件。利用未公开信息交易罪的主体为证券交易所、期货交易所、证券公司、期货经纪公司、基金管理公司、商业银行、保险公司等金融机构的从业人员，以及有关监管部门或者行业协会的工作人员。主观方面表现为故意。如果行为人没有故意，则不构成犯罪。客观方面表现为利用因职务便利获取的内幕信息以外的其他未公开的信息，违反规定，从事与该信息相关的证券、期货交易活动，或者明示、暗示他人从事相关交易活动，情节严重的行为。侵犯的客体是金融秩序，更准确地说是证券期货市场的交易秩序。

本罪与关联罪名的区分。利用未公开信息交易罪与内幕交易、泄露内幕信息罪的区分：一是犯罪主体的类型不同。利用未公开信息交易罪只是自然人犯罪；而内幕交易、泄露内幕信息罪的主体可以是自然人，也可以是单位。二是犯罪主体的身份不同。利用未公开信息交易罪的主体是金融机构的从业人员及有关监管部门或者行业协会的工作人员，而内幕交易、泄露内幕信息罪的主体是证券、期货内幕信息的知情人员或者非法获取内幕信息的人员。三是犯罪对象不同。利用未公开信息交易罪的犯罪对象不属于法律、行政法规所规定的内幕信息，而是内幕信息以外的其他未公开的信息；而内幕交易、泄露内幕信息罪的犯罪对象则是由法律、行政法规确定的内幕信息。四是信息的来源不完全一样。利用未公开信息交易罪的信息来源只能是利用职务便利获取的；而内幕交易、泄露内幕信息罪的信息来源包括因工作原因而获得的，也包括采取非法手段获取的。

第四节　派驻或者派出监察机构、监察专员及其职责

2018 年《监察法》规定了监察派驻、派出制度，各级监察委员会依法向本级党的机关、国家机关、国有企事业单位等派驻、派出监察机构、监察专员，有力推

进了监察全覆盖。为进一步构建横向到边、纵向到底、分工协作的监察全覆盖体系，增强监督有效性，修改后的《监察法》结合派驻、派出机构改革实践，丰富完善了监察派驻、派出制度。

一、派驻或者派出监察机构、监察专员的设置和领导关系

《监察法》第十二条第一款规定："各级监察委员会可以向本级中国共产党机关、国家机关、中国人民政治协商会议委员会机关、法律法规授权或者委托管理公共事务的组织和单位以及辖区内特定区域、国有企业、事业单位等派驻或者派出监察机构、监察专员。"第二款规定："经国家监察委员会批准，国家监察委员会派驻本级实行垂直管理或者双重领导并以上级单位领导为主的单位、国有企业的监察机构、监察专员，可以向驻在单位的下一级单位再派出。"第三款规定："经国家监察委员会批准，国家监察委员会派驻监察机构、监察专员，可以向驻在单位管理领导班子的普通高等学校再派出；国家监察委员会派驻国务院国有资产监督管理机构的监察机构，可以向驻在单位管理领导班子的国有企业再派出。"第四款规定："监察机构、监察专员对派驻或者派出它的监察委员会或者监察机构、监察专员负责。"

派驻监督是党和国家自我监督的重要形式。党章规定，党的中央和地方纪律检查委员会向同级党和国家机关全面派驻党的纪律检查组，按照规定向有关国有企业、事业单位派驻党的纪律检查组。《纪检监察机关派驻机构工作规则》总结党的十八大以来派驻纪检机构改革实践经验，把派驻监督纳入党内监督的制度框架，明确了派驻机构与派出机关、派驻机构与驻在单位的关系，派驻机构的组织设置、领导体制、工作职责、履职程序、管理监督等内容，为强化党内监督、推进全面从严治党提供了制度保障。深化国家监察体制改革，成立监察委员会，并与本级党的纪律检查委员会合署办公，代表党和国家行使监督权和监察权，履行纪检、监察两项职责，加强对所有行使公权力的公职人员的监督，从而在我们党和国家形成纪律监督、监察监督、派驻监督、巡视监督“四个全覆盖”的权力监督格局，形成发现问题、纠正偏差、惩治腐败的有效机制。

（一）各级监察委员会派驻或者派出监察机构、监察专员的范围以及组织形式

监察派驻、派出制度的内容十分丰富。《监察法》第十二条列举了派驻或者派出的范围，具体包括本级中国共产党机关、国家机关、中国人民政治协商会议委员会机关、法律法规授权或者委托管理公共事务的组织和单位以及辖区内特定区域、国有企业、事业单位等。派

驻或者派出的组织形式，具体包括监察机构或者监察专员。监察委员会是设置派驻、派出监察机构还是监察专员，应遵循实际需要，根据监察对象的多少、任务轻重而定。修改后的《监察法》将原规定的“所管辖的行政区域”修改为“辖区内特定区域”，更加精准体现监察委员会依法向地区、盟、开发区等不设置人民代表大会的区域，以及不设立监察委员会的街道、乡镇等特定区域派出监察机构或者监察专员的实际情况，进一步增强法律规定的指向性。《纪检监察机关派驻机构工作规则》第六条规定了派驻机构两类设置方式：一是派驻纪检监察组；二是派驻监察机构，派驻监察专员并设立监察专员办，与驻在单位纪检机构合署办公。

深化国家监察体制改革以来，各级监委依法向党的机关、国家机关、国有企事业单位等派驻、派出监察机构、监察专员，有力推进了监察全覆盖。但是，对于垂管系统而言，国家监委只能向其中央一级单位派驻监察机构。实践中，垂管系统公职人员队伍规模大，单位层级多，国家监委派驻机构的监察监督难以有效覆盖全系统。2024 年修改的《监察法》新增监察“再派出”制度，规定经国家监委批准，国家监委派驻垂管系统中央一级单位的监察机构可以向其驻在单位的下一级单位再派出，有利于实现监察权向下延伸，破解垂管系统监察监督的瓶颈问题，增强监察监督全覆盖的有效性。

同时，中管企业虽不属于机构编制意义上的垂管单位，但在监察权运用的全覆盖方面存在与垂管单位相同的问题。对于教育部等中央单位所属的高校和国资委下属的委管企业，因不属于国家监委的“本级”，也无法被授予监察权。相关企业、高校的监察对象人数多、地域分散，国家监委驻中管企业、国务院国资委、教育部等中央一级单位的派驻机构也难以实现有效监督。因此，修改《监察法》，将这些领域与垂管系统一并考虑，纳入监察再派出的范畴。

（二）领导体制

监察机构、监察专员对派驻或者派出它的监察委员会或者监察机构、监察专员负责，不受驻在单位的领导，具有开展工作的独立地位。这样可以在很大程度上保证监察委员会或者监察机构、监察专员能够通过派驻或者派出的监察机构、监察专员，经常、及时、准确地了解分散在不同机关、组织和单位等的监察对象情况。

二、派驻或者派出监察机构、监察专员职责

《监察法》第十三条规定：“派驻或者派出的监察机构、监察专员根据授权，按照管理权限依法对公职人员进行监督，提出监察建议，依法对公职人员进行调查、处置。”

党的十八大以来，派驻机构按照中央纪委要求，聚焦中心任务，转职能、转方式、转作风，不断强化监

督、执纪、问责和监督、调查、处置。派驻机构要充分发挥“派”的权威和“驻”的优势，聚焦监督、调查、处置，使驻在单位和区域的党风廉政建设和反腐败工作得到切实加强，为全面从严治党提供有力支撑。

（一）根据授权进行监督，提出监察建议

派驻或者派出的监察机构、监察专员的设置、具体职责和可以行使的权限，包括监督对象有哪些人员、具体履行什么样的监督职责等，由相关法律文件做出明确授权，其根据授权开展相关工作。从党的十八大以来的实践情况看，派驻或者派出的监察机构、监察专员的监督对象是其驻在的中国共产党机关、国家机关、中国人民政治协商会议委员会机关、法律法规授权或者委托管理公共事务的组织和单位以及辖区内特定区域、国有企业、事业单位内的所有公职人员，其中重点对象是领导人员。比如，国家监察委员会派驻的监察机构，其监督的重点对象是驻在单位领导班子、中管干部和司局级干部。监督的内容，主要是公职人员依法履职、秉公用权、廉洁从政从业以及道德操守情况。派驻监察机构、监察专员根据监督结果，对驻在单位廉政建设和履行职责存在的问题等提出监察建议。

（二）根据授权依法进行调查、处置

从党的十八大以来的实践情况看，派驻或者派出的监察机构、监察专员可以根据授权，对有关公职人员涉

嫌贪污贿赂、滥用职权、玩忽职守、权力寻租、利益输送、徇私舞弊以及浪费国家资财等职务违法和职务犯罪进行调查，根据调查结果，对违法的公职人员依照法定程序作出警告、记过、记大过、降级、撤职、开除等政务处分决定。但其调查、处置对象，不包括派驻或者派出它的监察委员会直接负责调查、处置的公职人员。比如，国家监察委员会派驻的监察机构，可以依法调查、处置驻在单位的司局级及以下干部，但是对于驻在单位的中管干部，则要由国家监察委员会来进行调查、处置。

第五节　监察官制度

建立监察官制度，是党中央在深化国家监察体制改革大局中明确的一项政治任务，是构建具有中国特色的国家监察体系的重要举措。《中华人民共和国监察官法》（以下简称《监察官法》）的制定实施，是坚持和加强党对监察工作领导的必然要求，是深化国家监察体制改革的重要举措，是促进监察官依法履行职责的重要保障，是建设高素质专业化监察官队伍的现实需要。

一、《监察法》对监察官制度进行了规定

《监察法》第十四条规定："国家实行监察官制度，依法确定监察官的等级设置、任免、考评和晋升等制度。"

习近平总书记在主持研究深化国家监察体制改革、制定《监察法》过程中，多次对监察队伍建设提出明确要求，为构建监察官制度指明了方向，明确了目标，提供了行动指南。《监察法》的规定落实了以习近平同志为核心的党中央作出的重要部署，为国家实行监察官制度确立了坚实的法律基础，为确定监察官的等级设置、任免、考评和晋升等具体制度赋予法律依据。

二、《监察官法》是构建中国特色监察官制度的专门法律

2021年8月20日，十三届全国人大常委会第三十次会议表决通过了《监察官法》。《监察官法》深入贯彻习近平新时代中国特色社会主义思想，落实党中央深化国家监察体制改革重大决策部署和习近平总书记关于加强纪检监察干部队伍建设的重要要求，以宪法和《监察法》为依据，坚持党管干部原则，坚守为人民服务的宗旨，坚持"责任法"的定位，以法律形式明确监察官的职责义务，加强对监察官的监督制约，构建中国特色监察官制度，为进一步健全反腐败领导体制和工作机制、完善党和国家监督体系、推进国家治理体系和治理能力现代化提供了重要保障。

（一）坚持职责法定，确保依法履职

权力就是责任，责任就要担当。纪检监察干部履行

党的纪律检查和国家监察两项职责，必须依规依纪依法正确行使权力。《监察官法》贯彻落实全面依法治国基本方略，将监察官履职要求具体化、制度化、法律化，实现权力、责任、义务、担当相统一，体现了更为严格的要求，有利于各级纪检监察机关和广大纪检监察干部牢固树立法治意识、程序意识、证据意识，运用法治思维法治方式推进监督、防治腐败，确保执纪执法权规范正确行使。

（二）坚持为民宗旨，增强使命情怀

纪检监察干部是为人民服务的，监察官依法行使国家监察权，必须具有高度的责任担当和使命情怀。《监察官法》明确规定，监察官“维护国家和人民利益，秉公执法，勇于担当、敢于监督，坚决同腐败现象作斗争”“忠于职守，勤勉尽责”等。必须践行以人民为中心的发展思想，坚持人民群众反对什么就监督监察什么，人民群众痛恨什么就查处纠治什么，聚焦群众反映强烈的突出问题，坚决整治群众身边不正之风和腐败问题，推动解决群众急难愁盼问题，让群众感受到纪检监察工作就在身边。

（三）坚持深化改革，推进制度建设

党的十八大以来，党中央谋划、部署、推进纪检监察体制改革。党的十九大站在新的历史起点上，对深化国家监察体制改革作出进一步部署。建立监察官制度是深化国家监察体制改革的一项重要内容。制定实施《监察官法》，从队伍建设上总结提炼监察体制改革成果，从法律角度解决改革实践中的重大问题，促进纪检监察工作在法治轨道上运行，对进一步深化国家监察体制改革，推动反腐败工作规范化、法治化、正规化具有重要作用。

（四）坚决防止“灯下黑”，提高自身免疫力

监督别人的人首先要监管好自己，必须强化对纪检监察干部的监督。《监察官法》充分总结提炼现行有关党内法规、国家法律中对纪检监察干部的监督要求，吸收纪检监察体制改革成功经验，强调对监察官的严格监督，规定“坚持中国共产党领导”“坚持党管干部原则”；规定监察官应当严格自我约束、自觉接受各方面监督；专章规定“监察官的监督和惩戒”；等等。这些规定从法律上构筑起对监察官的监督制约体系，进一步明确权力边界、严格内控机制，确保监察官正确行使监察权、做遵纪守法的标杆。

三、《监察官法》的一些具体规定

（一）监察官范围

《监察官法》第三条第一款规定：“监察官包括下列人员：（一）各级监察委员会的主任、副主任、委员；（二）各级监察委员会机关中的监察人员；（三）各级监察委员会派驻或者派出到中国共产党机关、国家机

关、法律法规授权或者委托管理公共事务的组织和单位以及所管辖的行政区域等的监察机构中的监察人员、监察专员；(四) 其他依法行使监察权的监察机构中的监察人员。”第二款规定：“对各级监察委员会派驻到国有企业的监察机构工作人员、监察专员，以及国有企业中其他依法行使监察权的监察机构工作人员的监督管理，参照执行本法有关规定。”

设定监察官范围，必须依据宪法和《监察法》的规定，体现监察工作特点，有利于监察工作开展。在此原则下，主要考虑三个方面因素：第一，监察工作坚持党的领导，实行民主集中制，重大事项集体研究决定，各工作环节严格履行审批程序。第二，监察机关依法履行监督、调查、处置的职责，其中监督是基本职责。监察机关通过廉政教育、日常监督、专项整治等多种方式开展监督，对职务违法犯罪问题进行调查，作出处理处分，进行监察问责，提出监察建议等，这些工作都是在行使监察权、履行监察职责。第三，监察工作的特点是团队协作、集体作战，日常工作和专项工作相结合，监察人员依据职责分工和组织的安排开展工作。不论在哪个工作部门或者岗位，只要承担具体监察职责，都应当依法接受管理和监督。综合这些考虑，以列举的方式规定了应当纳入监察官范围的人员和参照执行《监察官法》有关规定的人员。

（二）监察官任职禁止性条件

《监察官法》第十三条规定："有下列情形之一的，不得担任监察官：（一）因犯罪受过刑事处罚，以及因犯罪情节轻微被人民检察院依法作出不起诉决定或者被人民法院依法免予刑事处罚的；（二）被撤销中国共产党党内职务、留党察看、开除党籍的；（三）被撤职或者开除公职的；（四）被依法列为失信联合惩戒对象的；（五）配偶已移居国（境）外，或者没有配偶但是子女均已移居国（境）外的；（六）法律规定的其他情形。"

监察官具体行使国家监察权，其履行职责的过程就是贯彻落实宪法法律的过程。监察官自身模范遵纪守法，对全社会具有重要的示范和带动作用，关系监察机关的形象和公信力。如果做不到遵纪守法、严格自我约束，则不具备担任监察官的资格。该条用负面清单的方式，对监察官任职的禁止性条件作出规定，体现了严格的底线标准。

（三）监察官等级设置和称谓

《监察官法》第二十五条规定："监察官等级分为十三级，依次为总监察官、一级副总监察官、二级副总监察官，一级高级监察官、二级高级监察官、三级高级监察官、四级高级监察官，一级监察官、二级监察官、三级监察官、四级监察官、五级监察官、六级监察官。"

《监察官法》依据《监察法》，紧密结合监察工作实际，创制具有中国特色的监察官称谓和等级，明确了监察官等级设置、确定、晋升方式等，科学设立监察官等级制度。监察官等级是表明监察官身份的称号。设立监察官等级制度对于加强和规范监察官的管理工作，推进高素质专业化监察官队伍建设具有重要意义。

（四）监察机关加强内部监督制约机制建设

《监察官法》第四十二条规定："监察机关应当规范工作流程，加强内部监督制约机制建设，强化对监察官执行职务和遵守法律情况的监督。"

纪检监察机关是党内监督和国家监察专责机关，肩负着党和人民的重托，承担着庄严神圣的使命。2022年6月，习近平总书记在十九届中央政治局第四十次集体学习时强调，纪检监察机关要主动接受党内和社会各方面的监督，以自我革命精神坚决防止"灯下黑"。在《监察官法（草案）》征求意见和审议过程中，各方面对纪检监察机关如何行使好权力非常关心。纪检监察干部必须始终牢记，纪检监察机关的权威来自党中央的权威，纪检监察权是党和人民赋予的，要心存敬畏、戒骄戒躁，不断增强自身免疫力，带头守规守纪守法。

《监察官法》从队伍建设上总结提炼国家监察体制改革成果，通篇强调对监察官的严格监督，通过建立健全监督制度和机制，明确具体监督措施，强化责任追究，确保权力受到严格约束，坚决防止"灯下黑"，为加强对监察官的监督、确保监察权在法治轨道上正确运行提供了重要法律保障。专设一章规定“监察官的监督和惩戒”，是《监察官法》的一个特点。第七章“监察官的监督和惩戒”共13条，在各章中内容最多、篇幅最大，与《监督执纪工作规则》、《监察法》、《监察法实施条例》、《监察机关监督执法工作规定》（以下简称《监督执法工作规定》）等法规制度相衔接，并借鉴《中华人民共和国法官法》《中华人民共和国检察官法》《中华人民共和国人民警察法》的有关规定，全方位、多角度规定了对监察官的各项具体监督制度，以及监察官违纪违法的惩戒制度。监督制度包括自我监督和外部监督两个方面。自我监督方面，主要是明确了监察机关各项内部监督制约制度；外部监督方面，规定了人民群众的监督、司法执法机关的监督、特约监察员的监督等监督措施。惩戒制度主要是规定了应当追究监察官责任的违纪违法情形以及具体处理方式。

（五）对监察官进行检举控告

《监察官法》第四十三条第一款规定：“任何单位和个人对监察官的违纪违法行为，有权检举、控告。受理检举、控告的机关应当及时调查处理，并将结果告知检举人、控告人。”第二款规定：“对依法检举、控告的单位和个人，任何人不得压制和打击报复。”

《监察官法》第七条明确规定监察官应当自觉接受

组织监督和民主监督、社会监督、舆论监督。民主监督、社会监督、舆论监督与组织监督一起构成全方位的监督体系，形成发现问题、纠正偏差的有效机制。《监督执纪工作规则》《监督执法工作规定》《纪检监察机关处理检举控告工作规则》从纪检监察机关作为工作主体的角度，规定了如何受理、处置对党员、公职人员涉嫌违纪、职务违法和职务犯罪行为的检举控告。《监察官法》第四十三条体现了监察机关把自己摆进去，主动接受各方面对监察权这一重要公权力的监督。

（六）实行监察官责任追究制度

《监察官法》第五十四条第一款规定：“实行监察官责任追究制度，对滥用职权、失职失责造成严重后果的，终身追究责任或者进行问责。”第二款规定：“监察官涉嫌严重职务违法、职务犯罪或者对案件处置出现重大失误的，应当追究负有责任的领导人员和直接责任人员的责任。”

“实行监察官责任追究制度，对滥用职权、失职失责造成严重后果的，终身追究责任或者进行问责”，这是权责一致、终身追责问责精神在监察工作中的具体落实。有权必有责、有责要担当，用权受监督、失责必追究。《监察官法》第九条第二款规定，监察官在职权范围内对所办理的监察事项负责。在工作中，监察官必须以高度的政治责任感履职尽责，真正把责任放在心上、扛在肩上，用好权、履好职、尽好责。《监察官法》第五十四条第一款所称“追究责任”，指的是追究滥用职权、失职失责监察官的直接责任；“进行问责”，指的是追究负有管理监督责任的领导人员的责任。

“监察官涉嫌严重职务违法、职务犯罪或者对案件处置出现重大失误的，应当追究负有责任的领导人员和直接责任人员的责任”，在《监察官法》第五十四条第一款规定终身追责问责的基础上，进一步体现了“一案双查”的要求。担任领导职务的监察官除依法履行监察职责外，还应当履行与其职务相适应的组织、领导、管理、监督职责，在加强对监察官的监督管理、提高监察工作质量方面负有领导责任，失职失责造成严重后果的，必须严肃问责。

第三章　监察范围和管辖

《监察法》第三章规定了监察范围和管辖。该章共3条，包括第十五条至第十七条，其中，第十五条规定了监察对象范围，第十六条规定了监察机关管辖原则，第十七条规定了指定管辖和报请提级管辖原则。

第一节　监察对象范围

《监察法》第十五条规定："监察机关对下列公职人员和有关人员进行监察：（一）中国共产党机关、人民代表大会及其常务委员会机关、人民政府、监察委员会、人民法院、人民检察院、中国人民政治协商会议各级委员会机关、民主党派机关和工商业联合会机关的公务员，以及参照《中华人民共和国公务员法》管理的人员；（二）法律、法规授权或者受国家机关依法委托管理公共事务的组织中从事公务的人员；（三）国有企业管理人员；（四）公办的教育、科研、文化、医疗卫生、体育等单位中从事管理的人员；（五）基层群众性自治组织中从事管理的人员；（六）其他依法履行公职的人员。”该条明确了监察对象范围，为监察机关精准履行监察职责、公职人员强化接受监察监督自觉提供了基本遵循。

一、公务员和参公管理人员

公务员和参公管理人员是监察对象中的关键和重点。根据《中华人民共和国公务员法》（以下简称《公务员法》）的规定，公务员是指依法履行公职、纳入国家行政编制、由国家财政负担工资福利的工作人员。主要包括 8 类：

1. 中国共产党机关公务员。包括：（1）中央和地方各级党委、纪律检查委员会的领导人员；（2）中央和地方各级党委工作部门、办事机构和派出机构的工作人员；（3）中央和地方各级纪律检查委员会机关及其向党和国家机关等派驻或者派出机构的工作人员；（4）街道、乡、镇党委机关的工作人员。

2. 人民代表大会及其常务委员会机关公务员。包括：（1）县级以上各级人民代表大会常务委员会领导人员，乡、镇人民代表大会主席、副主席；（2）县级以上各级人民代表大会常务委员会工作机构和办事机构的工作人员；（3）各级人民代表大会专门委员会办事机构的工作人员。

3. 人民政府公务员。包括：（1）各级人民政府的领导人员；（2）县级以上各级人民政府工作部门和派出机构的工作人员；（3）乡、镇人民政府机关的工作人员。

4. 监察委员会公务员。包括：（1）国家和地方各级监察委员会的领导人员；（2）国家和地方各级监察委员会机关及其向党和国家机关等派驻或者派出机构的工作人员。

5. 人民法院公务员。包括：（1）最高人民法院和地方各级人民法院的法官、审判辅助人员；（2）最高人民法院和地方各级人民法院的司法行政人员等。

6. 人民检察院公务员。包括：（1）最高人民检察院和地方各级人民检察院的检察官、检察辅助人员；（2）最高人民检察院和地方各级人民检察院的司法行政人员等。

7. 中国人民政治协商会议各级委员会机关公务员。包括：（1）中国人民政治协商会议各级委员会的领导人员；（2）中国人民政治协商会议各级委员会工作机构的工作人员。

8. 民主党派机关和工商业联合会机关公务员。包括中国国民党革命委员会中央和地方各级委员会，中国民主同盟中央和地方各级委员会，中国民主建国会中央和地方各级委员会，中国民主促进会中央和地方各级委员会，中国农工民主党中央和地方各级委员会，中国致公党中央和地方各级委员会，九三学社中央和地方各级委员会，台湾民主自治同盟中央和地方各级委员会的公务员，以及中华全国工商业联合会和地方各级工商联等单位的公务员。

公务员身份的确定，有一套严格的法定程序，只有经过有关机关审核、审批及备案等程序，登记、录用或者调任为公务员后，方可确定为公务员。

关于参照《公务员法》管理的人员认定，《监察法实施条例》第三十八条第二款规定："监察法第十五条第一项所称参照公务员法管理的人员，是指有关单位中经批准参照公务员法进行管理的工作人员。"需要注意的是，参照公务员法管理的人员并不仅限于事业单位的有关人员，根据《参照〈中华人民共和国公务员法〉管理的单位审批办法》的规定，还包括有关人民团体、群众团体机关工作人员。

二、法律、法规授权或者受国家机关依法委托管理公共事务的组织中从事公务的人员

法律、法规授权或者受国家机关依法委托管理公共事务的组织中从事公务的人员，这主要是指除参公管理

以外的其他管理公共事务的事业单位的工作人员。在我国，事业单位人数多，分布广，由于历史和国情等原因，在一些地方和领域，法律、法规授权或者受国家机关依法委托管理公共事务的事业单位工作人员，其数量甚至大于公务员的数量。由于这些人员也行使公权力，为实现国家监察全覆盖，有必要将其纳入监察对象范围，由监察机关对其监督、调查、处置。

《监察法实施条例》第三十九条对公职人员中“法律、法规授权或者受国家机关依法委托管理公共事务的组织中从事公务的人员”具体范围作出规定，“监察法第十五条第二项所称法律、法规授权或者受国家机关依法委托管理公共事务的组织中从事公务的人员，是指在上述组织中，除参照公务员法管理的人员外，对公共事务履行组织、领导、管理、监督等职责的人员，包括具有公共事务管理职能的行业协会等组织中从事公务的人员，以及法定检验检测、检疫等机构中从事公务的人员”。

《监察法实施条例》将《监察法》第十五条第二项规定中的“从事公务”，明确界定为对公共事务“履行组织、领导、管理、监督等职责”。对于不具备职权内容的劳务活动、技术服务工作，如门卫、驾驶员、炊事员、清洁工等人员所从事的工作，一般不认为是公务。

《监察法实施条例》第三十九条除明确相关公职人员的总体认定标准外，还具体列举了两类人员。(1)“具有公共事务管理职能的行业协会等组织中从事公务的人员”。比如，根据《中华人民共和国律师法》第四十六条规定的授权，中华全国律师协会具有“对律师、律师事务所实施奖励和惩戒”等公共事务管理职能。据此，该协会中从事公务的人员，属于公职人员。(2)“法定检验检测、检疫等机构中从事公务的人员”。《监察法实施条例》通过明文列举方式，对行业协会和法定检验检测、检疫等机构中公职人员的认定作出规定。但这种列举并非完全列举，实践中要具体情况具体分析，准确予以认定。

三、国有企业管理人员

《监察法实施条例》第四十条对公职人员中“国有企业管理人员”具体范围作出规定，“监察法第十五条第三项所称国有企业管理人员，是指国家出资企业中的下列人员：(一)在国有独资、全资公司、企业中履行组织、领导、管理、监督等职责的人员；(二)经党组织或者国家机关，国有独资、全资公司、企业，事业单位提名、推荐、任命、批准等，在国有控股、参股公司及其分支机构中履行组织、领导、管理、监督等职责的人员；(三)经国家出资企业中负有管理、监督国有资产职责的组织批准或者研究决定，代表其在国有控股、参股公司及其分支机构中从事组织、领导、管理、监督等工作的人员”。

该条规定紧紧围绕“行使公权力”这一本质特征，对“国有企业管理人员”进行了分项列举。总体上，与《刑法》关于国家出资企业中“国家工作人员”的认定范围保持一致。具体细化为三类：一是在国有独资、全资公司、企业中履行组织、领导、管理、监督等职责的人员。二是经党组织或者国家机关，国有独资、全资公司、企业，事业单位提名、推荐、任命、批准等，在国有控股、参股公司及其分支机构中履行组织、领导、管理、监督等职责的人员。三是经国家出资企业中负有管理、监督国有资产职责的组织批准或者研究决定，代表其在国有控股、参股公司及其分支机构中从事组织、领导、管理、监督等工作的人员。其中，“国家出资企业”包括国家出资的国有独资公司、企业，国有全资公司、企业，以及国有资本控股公司、国有资本参股公司。负有管理、监督国有资产职责的“组织”，主要是指上级或者本级国家出资企业内部的党委（党组）、党政联席会。此类公职人员应同时具备委派性、代表性、公务性三个条件。“委派性”，是指经有关组织批准或者研究决定，具体形式上可以不拘一格，如任命、指派、提名、推荐、认可、同意、批准等都符合要求。“代表性”，是指被委派人代表有关组织的利益，并对该组织负责。虽经有关组织批准或研究决定，但任职与该组织没有必然联系，被委派人对该组织无职责义务关系的，不应认定为公职人员。“公务性”，是指在国有控股、参股公司及其分支机构中从事组织、领导、管理、监督等工作，在企业中从事的具体事务性活动一般不应当认定为公务。

需要说明的是，国家出资企业中的公职人员，在国家出资企业中持有个人股份或者同时接受非国有股东委托的，不影响其公职人员身份的认定。

四、公办的教育、科研、文化、医疗卫生、体育等单位中从事管理的人员

《监察法实施条例》第四十一条对公职人员中“公办的教育、科研、文化、医疗卫生、体育等单位中从事管理的人员”具体范围作出规定，“监察法第十五条第四项所称公办的教育、科研、文化、医疗卫生、体育等单位中从事管理的人员，是指国家为了社会公益目的，由国家机关举办或者其他组织利用国有资产举办的教育、科研、文化、医疗卫生、体育等事业单位中，从事组织、领导、管理、监督等工作的人员”。

《监察法》规定的“公办的教育、科研、文化、医疗卫生、体育等单位中从事管理的人员”，是指事业单位中从事管理的人员。《监察法实施条例》第四十一条规定与《事业单位登记管理暂行条例》第二条第一款规定作了衔接，保持了“事业单位”概念的一致性。

事业单位可分为两类：一是国家为了社会公益目的，由国家机关举办的；二是国家为了社会公益目的，由其他组织利用国有资产举办的。根据《事业单位登记管理暂行条例》规定，事业单位均应依法办理登记、备案手续。工作实践中，对于此类单位的性质，可以通过相关单位的具体登记、备案情况加以认定。

此外，《监察法实施条例》第四十一条与第四十条一样，根据“行使公权力”的标准，将相关单位中从事管理的人员进一步具体化为“从事组织、领导、管理、监督等工作的人员”。对于不具备职权内容的劳务活动、技术服务工作，一般不认为是公务，比如，从事诊疗、护理和教学工作的医生、护士和教师等一般不认为是《监察法》规定的公职人员。

五、基层群众性自治组织中从事管理的人员

《监察法实施条例》第四十二条对公职人员中“基层群众性自治组织中从事管理的人员”具体范围作出规定，“监察法第十五条第五项所称基层群众性自治组织中从事管理的人员，是指该组织中的下列人员：（一）从事集体事务和公益事业管理的人员；（二）从事集体资金、资产、资源管理的人员；（三）协助人民政府从事行政管理工作的人员，包括从事救灾、防疫、抢险、防汛、优抚、帮扶、移民、救济款物的管理，社

会捐助公益事业款物的管理，国有土地的经营和管理，土地征收、征用补偿费用的管理，代征、代缴税款，有关计划生育、户籍、征兵工作，协助人民政府等国家机关在基层群众性自治组织中从事的其他管理工作”。

根据我国宪法第一百一十一条第一款关于“城市和农村按居民居住地区设立的居民委员会或者村民委员会是基层群众性自治组织”的规定，《监察法》第十五条第五项中的“基层群众性自治组织”，是指居民委员会和村民委员会。《监察法实施条例》对此类公职人员“从事管理”的具体范畴，作了进一步细化列举，主要包括三个方面，即从事集体事务和公益事业管理，从事集体资金、资产、资源管理，协助人民政府从事行政管理工作。

六、其他依法履行公职的人员

《监察法实施条例》第四十三条对公职人员中“其他依法履行公职的人员”具体范围作出规定，“下列人员属于监察法第十五条第六项所称其他依法履行公职的人员：（一）履行人民代表大会职责的各级人民代表大会代表，履行公职的中国人民政治协商会议各级委员会委员、人民陪审员、人民监督员；（二）虽未列入党政机关人员编制，但在党政机关中从事公务的人员；（三）在集体经济组织等单位、组织中，由党组织或者国家机关，国有独资、全资公司、企业，国家出资企业中负有管理监督国有和集体资产职责的组织，事业单位提名、推荐、任命、批准等，从事组织、领导、管理、监督等工作的人员；（四）在依法组建的评标、谈判、询价等组织中代表国家机关，国有独资、全资公司、企业，事业单位，人民团体临时履行公共事务组织、领导、管理、监督等职责的人员；（五）其他依法行使公权力的人员”。

随着国家监察体制改革的不断深化，对其他依法履行公职的人员的具体范围已形成一些共识。为更好地指导监察工作实践，《监察法实施条例》对此予以提炼固定。具体包括以下几个方面：

一是履行人民代表大会职责的各级人民代表大会代表，履行公职的中国人民政治协商会议各级委员会委员、人民陪审员、人民监督员。根据我国宪法和《中华人民共和国全国人民代表大会和地方各级人民代表大会代表法》《中国人民政治协商会议章程》《中华人民共和国人民法院组织法》《中华人民共和国人民检察院组织法》等法律、章程，各级人民代表大会代表依法具有出席本级人民代表大会会议行使国家权力，联名提出议案、质询案、罢免案，提出对各方面工作的建议、批评和意见等权利；中国人民政治协商会议各级委员会委员依章程参加本会组织的会议和活动，参与行使政治协商、民主监督、参政议政的职能；人民陪审员依法参加人民法院的审判活动，除法律另有规定外，同法官有同等权利；人民监督员依照规定对人民检察院的办案活动实行监督。履行人民代表大会职责或者其他公职的上述人员，均属于依法行使公权力、管理公共事务的人员，应纳入公职人员范围。

二是虽未列入党政机关人员编制，但在党政机关中从事公务的人员。2002 年全国人大常委会《关于〈中华人民共和国刑法〉第九章渎职罪主体适用问题的解释》明确规定，虽未列入国家机关人员编制但在国家机关中从事公务的人员，在代表国家机关行使职权时，有渎职行为，构成犯罪的，依照刑法关于渎职罪的规定追究刑事责任。《监察法实施条例》第四十三条第二项规定根据立法解释的精神，明确相关人员属于公职人员。这类人员主要是指党政机关借调人员、实习工作人员，以及警务辅助人员等被聘用从事公务的人员。

三是在集体经济组织等单位、组织中，由党组织或者国家机关，国有独资、全资公司、企业，国家出资企业中负有管理监督国有和集体资产职责的组织，事业单位提名、推荐、任命、批准等，从事组织、领导、管理、监督等工作的人员。集体所有制经济是公有制经济的重要组成部分，集体财产是公共财产的重要形式，集体经济组织中的有关管理人员符合行使公权力的本质特征，应当纳入公职人员范畴。但集体经济组织不同于国有企业，不能直接适用《监察法》第十五条第三项的规定。《监察法实施条例》把握公职人员的本质特征，将集体经济组织中具有行使公权力属性的人员纳入“其他依法履行公职的人员”中加以规定。同时，《监察法实施条例》第四十三条第三项规定与《刑法》第九十三条第二款规定的国有单位委派到非国有单位从事公务的人员作了衔接。认定该类公职人员应当重点把握以下四点：（1）委派主体。包括党组织或者国家机关，国有独资、全资公司、企业，国家出资企业中负有管理监督国有和集体资产职责的组织，事业单位。需要注意的是，《监察法实施条例》贯彻党管干部的原则，明确了党组织委派人员的公职人员身份；同时，参考《监察法实施条例》第四十条第三项关于“国家出资企业中负有管理、监督国有资产职责的组织”可以作为委派主体的规定，将“国家出资企业中负有管理监督国有和集体资产职责的组织”作为委派主体，既贯彻了对所有行使公权力的公职人员进行监督的要求，又加强了对国有和集体资产的保护。（2）委派形式。包括提名、推荐、任命、批准等，与《监察法实施条例》第四十条第二项的相关规定保持一致。（3）派往单位。包括集体经济组织等单位、组织。（4）工作内容。包括从事组织、领导、管理、监督等工作，不具有行使公权力特征的工作不在此列。

四是在依法组建的评标、谈判、询价等组织中代表国家机关，国有独资、全资公司、企业，事业单位，人民团体临时履行公共事务组织、领导、管理、监督等职责的人员。《监察法实施条例》第四十三条第四项规定是对临时行使特定公权力的公职人员的身份认定。该项规定与2008年最高人民法院、最高人民检察院《关于办理商业贿赂刑事案件适用法律若干问题的意见》第六条第二款规定作了衔接。认定该类公职人员需要把握三个要素：（1）在“依法组建的评标、谈判、询价等组织”中开展有关工作。（2）身份上具有“代表性”，即代表国家机关，国有独资、全资公司、企业，事业单位，人民团体。（3）工作内容是“临时履行公共事务组织、领导、管理、监督等职责”。

五是其他依法行使公权力的人员。《监察法实施条例》第四十三条第五项属于兜底项，为工作实践可能出现的新情况预留了制度空间。

第二节　管　　辖

监察机关各司其职、各尽其责的前提是责任清晰。《监察法》第十六条第一款规定：“各级监察机关按照管理权限管辖本辖区内本法第十五条规定的人员所涉监察事项。”第二款规定：“上级监察机关可以办理下一级监察机关管辖范围内的监察事项，必要时也可以办理所辖各级监察机关管辖范围内的监察事项。”第三款规定：“监察机关之间对监察事项的管辖有争议的，由其共同的上级监察机关确定。”对监察机关的管辖范围作明确规定，既可以有效避免争执或推诿，又有利于有关单位和个人按照监察机关的管辖范围提供问题线索，充分发挥人民群众反腐败的积极性。同时，对提级管辖和管辖争议解决方式作出规定，可以增强监察工作的机动性、实效性，做到原则性与灵活性相结合。

《监察法实施条例》第三章第二节对管辖进行了专节规定。

一、级别管辖的一般规定

《监察法实施条例》第四十五条规定：“监察机关开展监督、调查、处置，按照管理权限与属地管辖相结合的原则，实行分级负责制。”

该条是对《监察法》第十六条规定的进一步细化。

管辖原则，即管理权限与属地管辖相结合。“管理权限”的含义与《监察法》的规定相一致，主要指干部管理权限。“属地管辖”是指由公职人员工作单位所在地的监察机关管辖。需要注意的是，《监察法》规定各级监察机关按照管理权限管辖本辖区内有关公职人员所涉监察事项，因此按照管理权限管辖和属地管辖在实践中可能存在交叉，主要包括《监察法实施条例》第十三条第一款和第四十九条第一款规定的两种情形。在这两种情形下，地方监委基于属地管辖对相关公职人员具有管辖权，监察机构、监察专员基于管理权限对相关公职人员也具有管辖权。实践中，监察机构、监察专员与地方监委之间需要按照规定加强沟通协作，及时通报问题线索和重要情况，形成工作合力。

分级管理是坚持党管干部原则的具体体现，也是划分各个层级国家机构职责权限的重要依据。“分级负责制”是以管理权限管辖为主要原则确立的管辖机制，具体是指各级监察机关按照干部管理权限对不同层级的公职人员涉嫌职务违法和职务犯罪进行查处。

二、各级监察机关具体管辖权限

《监察法实施条例》第四十六条第一款规定：“设区的市级以上监察委员会按照管理权限，依法管辖同级党委管理的公职人员涉嫌职务违法和职务犯罪案件。”第二款规定：“县级监察委员会和直辖市所辖区（县）监察委员会按照管理权限，依法管辖本辖区内公职人员涉嫌职务违法和职务犯罪案件。”第三款规定：“地方各级监察委员会按照本条例第十三条、第四十九条规定，可以依法管辖工作单位在本辖区内的有关公职人员涉嫌职务违法和职务犯罪案件。”第四款规定：“监察机关调查公职人员涉嫌职务犯罪案件，可以依法对涉嫌行贿犯罪、介绍贿赂犯罪或者共同职务犯罪的涉案人员中的非公职人员一并管辖。非公职人员涉嫌利用影响力受贿罪的，按照其所利用的公职人员的管理权限确定管辖。”

该条是对《监察法》第十六条规定的细化。

非公职人员涉嫌职务犯罪的，无法根据管理权限确定管辖，同时由于其与公职人员涉嫌职务犯罪案件密切相关，也不宜单独按照属地原则确定其管辖。《监察法实施条例》第四十六条第四款规定结合监察工作实际情况，对涉嫌职务犯罪的非公职人员区分两种情形作了规定：

一是监察机关调查公职人员涉嫌职务犯罪案件，可以依法对涉嫌行贿犯罪、介绍贿赂犯罪或者共同职务犯罪的涉案人员中的非公职人员一并管辖。主要考虑的是，非公职人员涉嫌行贿犯罪、介绍贿赂犯罪或者共同职务犯罪案件，是监察机关查办公职人员涉嫌职务犯罪案件的关联案件，调查涉案人员对查清公职人员涉嫌职务犯罪案件事实至关重要。此类涉案人员中的非公职人员由负责调查公职人员涉嫌职务犯罪案件的监察机关一并管辖，有利于监察机关查清案件事实。需要注意的是，第四款规定的是“可以”一并管辖。具体而言，相关监察机关可以一并管辖，也可以根据办案需要依法转交下级或者其他监察机关管辖。

二是非公职人员涉嫌利用影响力受贿罪的，按照其所利用的公职人员的管理权限确定管辖。主要考虑是非公职人员在实施该罪过程中，其行为与被利用的公职人员的相关行为紧密关联，且被利用的公职人员也往往涉案，监察机关在开展调查工作中需要被利用的公职人员积极配合。此时，由对被利用的公职人员具有管辖权的监察机关开展调查工作，符合按照管理权限确定管辖的基本原则，也有利于相关监察措施的审批适用，便于开展调查工作。

三、提级管辖

《监察法实施条例》第四十七条第一款规定："上级监察机关对于下一级监察机关管辖范围内的职务违法和职务犯罪案件，具有下列情形之一的，可以依法提级管辖：（一）在本辖区有重大影响的；（二）涉及多个下级监察机关管辖的监察对象，调查难度大的；（三）其他需要提级管辖的重大、复杂案件。"第二款规定："上级监察机关对于所辖各级监察机关管辖范围内有重大影响的案件，必要时可以依法直接调查或者组织、指挥、参与调查。"第三款规定："地方各级监察机关所管辖的职务违法和职务犯罪案件，具有第一款规定情形的，可以依法报请上一级监察机关管辖。"

该条规定具体体现了上级监察机关对下级监察机关的领导，是对《监察法》第十六条、第十七条规定的提级管辖规则和报请提级管辖规则的细化。

四、指定管辖

《监察法实施条例》第四十八条第一款规定："上级监察机关可以依法将其所管辖的案件指定下级监察机关管辖。"第二款规定："设区的市级监察委员会将同级党委管理的公职人员涉嫌职务违法或者职务犯罪案件指定下级监察委员会管辖的，应当报省级监察委员会批准；省级监察委员会将同级党委管理的公职人员涉嫌职务违法或者职务犯罪案件指定下级监察委员会管辖的，应当报国家监察委员会相关监督检查部门备案。"第三款规定："上级监察机关对于下级监察机关管辖的职务违法和职务犯罪案件，具有下列情形之一，认为由其他下级监察机关管辖更为适宜的，可以依法指定给其他下级监察机关管辖：（一）管辖有争议的；（二）指定管辖有利于案件公正处理的；（三）下级监察机关报请指定管辖的；（四）其他有必要指定管辖的。"第四款规定："被指定的下级监察机关未经指定管辖的监察机关批准，不得将案件再行指定管辖。发现新的职务违法或者职务犯罪线索，以及其他重要情况、重大问题，应当及时向指定管辖的监察机关请示报告。"

该条规定是对《监察法》第十七条第一款确立的指定管辖规则的细化，进一步明确指定管辖的适用情形和具体工作要求。

五、“双管干部”所涉监察事项管辖

《监察法实施条例》第四十九条第一款规定：“工作单位在地方、管理权限在主管部门的公职人员涉嫌职务违法和职务犯罪，一般由驻在主管部门、有管辖权的监察机构、监察专员管辖；经协商，监察机构、监察专员可以按规定移交公职人员工作单位所在地的地方监察委员会调查，或者与地方监察委员会联合调查。地方监察委员会在工作中发现上述公职人员有关问题线索，应当向驻在主管部门、有管辖权的监察机构、监察专员通报，并协商确定管辖。”第二款规定：“前款规定单位的其他公职人员涉嫌职务违法和职务犯罪，可以由地方监察委员会管辖；驻在主管部门的监察机构、监察专员自行立案调查的，应当及时通报地方监察委员会。”第三款规定：“地方监察委员会调查前两款规定案件，应当将立案、留置、移送审查起诉、撤销案件等重要情况向驻在主管部门的监察机构、监察专员通报。”

在监察工作实践中，所谓“双管干部”主要是指干部管理权限在业务条线，工作单位在地方的公职人员。明确“双管干部”管辖分工，有助于厘清驻在主管部门的监察机构、监察专员与地方监察委员会之间的管辖权限。《监察法实施条例》第四十九条规定也是对《监察法》第十六条第一款“各级监察机关按照管理权限管辖本辖区内”监察对象所涉监察事项的规定在特定领域的落实，并与《监察法实施条例》第四十六条第三款作了衔接。

(一) 工作单位在地方、管理权限在主管部门的公职人员相关案件，一般由派驻监察机构、监察专员管辖

即按照干部管理权限，此类公职人员以派驻监察机构、监察专员管辖为主要原则。主要内容包括三个方面：一是工作单位在地方、管理权限在主管部门的公职人员涉嫌职务违法和职务犯罪，一般由驻在主管部门、有管辖权的监察机构、监察专员管辖。这里所规定的“工作单位在地方、管理权限在主管部门的公职人员”，是指干部管理权限在派驻监察机构、监察专员驻在部门党组（党委）的公职人员，主要包括主管部门的下一级单位领导班子成员以及相当于这一职务层次的公职人员。这样规定有利于推动监察机构、监察专员突出监督重点，盯紧“关键少数”，促进依法履职尽责。二是经协商，派驻监察机构、监察专员可以按规定将前述案件移交公职人员工作单位所在地的地方监察委员会调查，或者与地方监察委员会联合调查。一般来讲，对于办理严重职务违法和职务犯罪案件，地方监委在工作力量配备上更为充分，在办案场所等工作条件上更为便利，派驻监察机构、监察专员则更了解监察对象和发案单位情况。上述规定的目的在于发挥他们各自优势特别是地方监委办理重要案件的资源优势，加强“组地”协作，

畅通工作渠道，丰富工作方式，形成工作合力，促进调查工作有力有效开展。三是地方监察委员会在工作中发现上述公职人员有关问题线索，应当向驻在主管部门、有管辖权的监察机构、监察专员通报，并协商确定管辖。根据《监察法》和《监察法实施条例》的相关规定，“协商确定管辖”结果一般有三种：一是地方监委将问题线索移送派驻监察机构、监察专员管辖；二是地方监委直接进行调查；三是地方监委与派驻监察机构、监察专员联合调查。

（二）主管部门的其他公职人员涉嫌职务违法和职务犯罪的管辖问题

主要内容包括两个方面：一是《监察法实施条例》第四十九条第一款规定单位的其他公职人员涉嫌职务违法和职务犯罪，可以由地方监委管辖。这里的“其他公职人员”，是指前述单位中干部管理权限不在上级主管部门党组（党委）的公职人员，也就是由该单位党组织直接管理的公职人员。需要说明的是，这里规定的“可以由地方监察委员会管辖”，是对这部分公职人员管辖权的原则性表述，对于地方监委如何开展初核、与主管部门的纪检监察机构如何沟通等操作层面的具体问题，要同时执行中央纪委国家监委的相关规定。二是驻在主管部门的监察机构、监察专员自行立案调查的，应当及时通报地方监察委员会。对于此类人员，因地方监委可以管辖，监察机构、监察专员进行调查的应当加强情况通报，便于地方监委及时掌握相关情况，避免重复开展工作。

（三）地方监察委员会调查相关案件应当向监察机构、监察专员通报重要情况

这里的重要情况，包括立案、留置、移送审查起诉、撤销案件等情况。这样规定，有利于派驻监察机构、监察专员及时掌握案件进展情况，一方面积极配合地方监委开展工作，为开展处置、以案促改等工作提前做好准备；另一方面有利于及时向驻在部门党组（党委）通报情况，推动党组（党委）履行干部教育管理监督的主体责任。需要说明的是，目前省级以下监委的派驻监察机构、监察专员没有被授予职务犯罪调查权。根据《监察法实施条例》第十三条第二款的规定，其发现监察对象涉嫌职务犯罪线索的，应当及时向派出机关报告，由派出机关调查或者依法移交有关地方监委调查。在理解适用《监察法实施条例》第四十九条规定时，应当与第十三条规定统筹考虑、一体把握。对于实行省以下垂直管理或类似体制的单位监察机构、监察专员来讲，其在地方的下级单位的监察对象涉嫌职务犯罪，一般可以由下级单位所在地的监委调查。比如，一个省属国有企业在某市子公司的公职人员涉嫌职务犯罪，一般由该市监委调查，特别重大复杂的可由驻在主

管部门的监察机构、监察专员的派出机关也就是省监委进行调查。

六、商请管辖

《监察法实施条例》第五十条第一款规定："监察机关办理案件中涉及无隶属关系的其他监察机关的监察对象，认为需要立案调查的，应当商请有管理权限的监察机关依法立案调查。商请立案时，应当提供涉案人员基本情况、已经查明的涉嫌违法犯罪事实以及相关证据材料。"第二款规定："承办案件的监察机关认为由其一并调查更为适宜的，可以报请有权决定的上级监察机关指定管辖。"

该条规定是对《监察法》第十六条、第十七条相关规定的细化，旨在明确监察机关办理案件中涉及其他监察机关监察对象时的处理规则。

七、为主调查

《监察法实施条例》第五十一条规定："公职人员既涉嫌贪污贿赂、失职渎职等严重职务违法和职务犯罪，又涉嫌公安机关、人民检察院等机关管辖的犯罪，依法由监察机关为主调查的，应当由监察机关和其他机关分别依职权立案，监察机关承担组织协调职责，协调调查和侦查工作进度、重要调查和侦查措施使用等重要事项。"

该条规定是对《监察法》第三十七条第二款规定的细化。

八、监察机关与人民检察院共管案件管辖

《监察法实施条例》第五十二条第一款规定：“监察机关必要时可以依法调查司法工作人员利用职权实施的涉嫌非法拘禁、刑讯逼供、非法搜查等侵犯公民权利、损害司法公正的犯罪，并在立案后及时通报同级人民检察院。”第二款规定：“监察机关在调查司法工作人员涉嫌贪污贿赂等职务犯罪中，可以对其涉嫌的前款规定的犯罪一并调查，并及时通报同级人民检察院。人民检察院在办理直接受理侦查的案件中，发现犯罪嫌疑人同时涉嫌监察机关管辖的其他职务犯罪，经沟通全案移送监察机关管辖的，监察机关应当依法进行调查。”

该条以《监察法》规定为基础，与《刑事诉讼法》的有关规定相衔接，对监察机关和人民检察院的管辖权限作出更加细致的划分。

（一）监察机关调查监检共管案件的具体情形和要求

监察机关必要时可以依法调查司法工作人员利用职权实施的涉嫌非法拘禁、刑讯逼供、非法搜查等侵犯公民权利、损害司法公正的犯罪。“司法工作人员利用职权实施的涉嫌非法拘禁、刑讯逼供、非法搜查等侵犯公民权利、损害司法公正的犯罪”，具体是指最高人民检

察院 2018 年印发的《关于人民检察院立案侦查司法工作人员相关职务犯罪案件若干问题的规定》中明确列举的 14 个罪名，即人民检察院在对诉讼活动实行法律监督中发现的司法工作人员利用职权实施的非法拘禁罪，非法搜查罪，刑讯逼供罪，暴力取证罪，虐待被监管人罪，滥用职权罪，玩忽职守罪，徇私枉法罪，民事、行政枉法裁判罪，执行判决、裁定失职罪，执行判决、裁定滥用职权罪，私放在押人员罪，失职致使在押人员脱逃罪，徇私舞弊减刑、假释、暂予监外执行罪。这些犯罪均属于职务犯罪范畴，根据《监察法》第十一条的规定，监察机关依法具有管辖权。为做好《监察法》与《刑事诉讼法》的有效衔接，保障人民检察院依法履行对诉讼活动的法律监督职责，《监察法实施条例》规定上述犯罪一般由人民检察院负责侦查，必要时监察机关可以调查。因此，上述 14 种犯罪属于监察机关和人民检察院共管的犯罪。对何为“必要时”，可以从涉案人员的具体情况、案件重大复杂程度以及如何管辖更有利于维护司法公正等方面，进行综合把握和判断。

需要说明的是，根据《刑法》的规定，司法工作人员之外的公职人员也可以构成非法拘禁罪、非法搜查罪、虐待被监管人罪、滥用职权罪、玩忽职守罪的主体，他们实施的这些犯罪，只能由监察机关管辖。《监察法实施条例》第二十七条、第二十八条分别对这5个罪名作了规定。第二十七条对于非法拘禁罪、虐待被监管人罪、非法搜查罪，还专门强调系“司法工作人员以外的公职人员利用职权实施的”。比如，在治安拘留中发生的公安人员虐待被监管人罪，依法应由监察机关管辖。

监察机关应当在立案后及时通报同级人民检察院。这主要是考虑到，此类案件以人民检察院管辖为一般原则，在监察机关立案管辖的情况下，及时通报对方、共享工作信息，有利于同级人民检察院及时掌握情况，避免双重立案、重复侦查，并及时沟通和做好相互协作事宜。

（二）监察机关对司法工作人员涉嫌的贪污贿赂等职务犯罪和监检共管犯罪一并调查

按照不同的路径，分为两种情形：一是监察机关在调查司法工作人员涉嫌贪污贿赂等职务犯罪中，可以对其涉嫌的监检共管犯罪一并调查，并及时通报同级人民检察院。实践中，司法工作人员实施的贪污贿赂、损害司法公正等犯罪往往存在紧密关联，由监察机关一并调查，有利于监察机关全面掌握司法工作人员涉嫌职务犯罪情况，统筹开展调查工作，提高工作质效。二是人民检察院在办理直接受理侦查的案件中，发现犯罪嫌疑人同时涉嫌监察机关管辖的其他职务犯罪，经沟通全案移送监察机关管辖的，监察机关应当依法进行调查。对于《监察法实施条例》第五十二条第二款规定的案件，人民检察院与监察机关沟通后，根据案件的具体情况，既可以按照《监察法实施条例》第五十一条规定，由双方分别依职权立案，监察机关承担组织协调职责，也可以将全案移送监察机关管辖。全案移送监察机关管辖的，监察机关应当依法进行调查。

九、退休、离职、死亡的公职人员涉嫌职务违法或者职务犯罪案件的管辖

《监察法实施条例》第五十三条第一款规定："监察机关对于退休公职人员在退休前或者退休后，或者离职、死亡的公职人员在履职期间实施的涉嫌职务违法或者职务犯罪行为，可以依法进行调查。"第二款规定："对前款规定人员，按照其原任职务的管辖规定确定管辖的监察机关；由其他监察机关管辖更为适宜的，可以依法指定或者交由其他监察机关管辖。"

（一）监察机关对退休、离职、死亡的公职人员有关涉嫌职务违法或者职务犯罪行为，可以依法进行调查

主要内容包括两个方面：一是监察机关对于退休公职人员在退休前或者退休后实施的涉嫌职务违法或者职务犯罪行为，可以依法进行调查。对于已经退休的公职人员在退休前实施的违法行为，依照《监察法》和

《政务处分法》的规定，监察机关可以立案调查，体现了终身追责的要求。对于公职人员退休后实施违法行为的，根据《政务处分法》的规定，监察机关也可以对其立案调查。这主要是考虑到，公职人员退休后，其在职时形成的影响力仍然存在，其违法行为会在人民群众中产生不良的影响，损害党和国家的形象，有必要由监察机关对公职人员退休后实施的涉嫌职务违法犯罪行为进行立案调查、作出处理。二是监察机关对于离职、死亡的公职人员在履职期间实施的涉嫌职务违法或者职务犯罪行为，可以依法进行调查。此内容对应《政务处分法》第二十七条第二款规定，明确相关公职人员虽然已经离职或者死亡，但其违法行为的法律后果并没有消失，应当以适当形式承担。对于违法取得的财物和用于违法行为的本人财物，应当依法进行追缴等处理。对于离职的公职人员在履职期间实施的涉嫌职务犯罪行为，经查证属实、需要追究刑事责任的，应当依法移送人民检察院审查起诉。

（二）退休、离职、死亡的公职人员涉嫌职务违法或者职务犯罪案件的具体管辖规则

主要内容包括两个方面：一是对退休、离职、死亡的公职人员，按照其原任职务的管辖规定确定管辖的监察机关。这主要是考虑到，上述人员的违法行为，一般与其原任职务的职权或者影响密切相关。按照公职人员

原任职务的管辖规定确定管辖机关，使得办案的监察机关掌握信息更为全面，开展工作、调取证据更为便利，也有利于后续处置工作落实落地，保证案件办理效果。需要说明的是，“原任职务的管辖规定”对应《监察法实施条例》第四十五条、第四十六条等有关规定，并不限于原任职务的管辖权限，也包括属地管辖规则。二是由其他监察机关管辖更为适宜的，可以依法指定或者交由其他监察机关管辖。实践中，也可能存在相关案件由其他监察机关管辖更为适宜的情况。比如，指定管辖有利于案件公正处理的；退休、离职、死亡的公职人员涉嫌与其他公职人员共同犯罪，由其他监察机关一并管辖比较适宜的；等等。《监察法实施条例》第五十三条规定的离职公职人员指的是对其进行立案调查时，其已不在公职人员队伍中，不属于公职人员。

第四章　监察权限

《监察法》第四章规定了监察权限。该章共 20 条，包括第十八条至第三十七条，其中，第十八条规定了监察机关收集证据一般原则，第十九条规定了监察机关运用谈话措施对可能发生职务违法的监察对象进行处理，第二十条规定了监察机关要求被调查人陈述和讯问被调查人的权限，第二十一条规定了监察机关强制涉嫌严重职务违法或者职务犯罪的被调查人到案接受调查的权限，第二十二条规定了监察机关运用询问措施调查案件，第二十三条规定了监察机关采取责令候查措施的权限，第二十四条规定了监察机关采取留置措施的对象、适用情形等，第二十五条规定了监察机关采取管护措施的权限，第二十六条规定了监察机关运用查询、冻结措施调查案件，第二十七条规定了监察机关运用搜查措施调查案件，第二十八条规定了监察机关运用调取、查封、扣押措施调查案件，第二十九条规定了监察机关运用勘验检查措施调查案件，第三十条规定了监察机关运用鉴定措施对案件中的专门性问题进行调查，第三十一条规定了监察机关运用技术调查措施调查案件，第三十二条规定了监察机关如何运用通缉措施追捕潜逃的被调查人，第三十三条规定了监察机关运用限制出境措施调查案件，第三十四条规定了监察机关对涉嫌职务犯罪的被调查人提出从宽处罚建议，第三十五条规定了监察机关对职务违法犯罪的涉案人员提出从宽处罚建议，第三十六条规定了监察机关所收集的证据的法律效力、取证的要求和标准以及非法证据排除规则，第三十七条规定了职务违法犯罪问题线索移送制度和互涉案件管辖。

第一节　监察权限一般要求

《监察法实施条例》对监察权限一般要求作出规定。

一、监察措施总体要求

《监察法实施条例》第五十四条规定："监察机关应当加强监督执法调查工作规范化建设，严格按规定对监察措施进行审批和监管，依照法定的范围、程序和期限采取相关措施，出具、送达法律文书。"

该条要求涉及监察措施适用的各环节和各方面，是监察机关采取监察措施时需要遵循的基本规范。监察机关在具体适用中，要准确把握采取监察措施的总体要求，严格执行《监察法实施条例》关于监察措施的每一项制度规定。同时，对于实践中出现的新情况、新问题，应当在深入理解总体要求的基础上作出适当处理。

二、监察措施适用阶段和问责调查措施适用

《监察法实施条例》第五十五条第一款规定："监察机关在初步核实中，可以依法采取谈话、询问、查询、调取、勘验检查、鉴定措施；立案后可以采取讯问、留置、冻结、搜查、查封、扣押、通缉措施。需要采取技术调查、限制出境措施的，应当按照规定交有关机关依法执行。设区的市级以下监察机关在初步核实中不得采取技术调查措施。"第二款规定："开展问责调查，根据具体情况可以依法采取相关监察措施。"

《监察法实施条例》依据《监察法》和有关规定，结合各项措施的重要程度、对调查职务违法犯罪案件的作用，以及对监察对象及有关人员权利的影响等因素，对监察措施的适用阶段作出区分。《监察法实施条例》第五十五条第一款专门规定，需要采取技术调查、限制出境措施的，应当按照规定交有关机关依法执行。该规定是对《监察法》第三十一条、第三十三条相关规定的进一步强调，提醒各级监察机关采取这两项重要措施必须依法交有关机关执行，自己不得擅自执行。对于采取这两项措施的阶段，监察机关依据《监察法》的规定，结合案件具体情况，既可以在初步核实中，也可以

在立案后依法采取。

《监察法》赋予了监察机关对履行职责不力、失职失责的领导人员进行问责的职责，《监察法实施条例》第三十四条第二款对监察机关问责职责作了细化，规定应当组成调查组依法开展问责调查。《监察法实施条例》第五十五条第二款与之相衔接，进一步对问责调查措施作了规定。考虑到实践中需要问责的情形比较复杂，《监察法实施条例》没有采用逐一列举的方式作出规定，只是原则性规定了“根据具体情况”。“具体情况”，主要包括两个方面：一是问责调查所处的阶段。问责调查中采取监察措施的适用阶段，应当按照《监察法实施条例》第五十五条第一款的规定执行。二是根据问责案件的性质采取适当措施。问责案件追究的是失职失责的领导责任，在违法性质、危害程度和人身危险性上不同于其他的职务违法犯罪案件。在具体适用中，除被调查人同时涉嫌其他职务违法犯罪外，一般不需要对其采取涉及人身和财产的强制性调查措施。对于仅适用于职务犯罪调查的讯问、搜查、技术调查这三项措施，不能用在单纯的问责调查中。

三、重要调查取证同步录音录像

《监察法实施条例》第五十六条第一款规定：“开展讯问、搜查、查封、扣押以及重要的谈话、询问等调查取证工作，应当全程同步录音录像，并保持录音录像资料的完整性。录音录像资料应当妥善保管、及时归档，留存备查。”第二款规定：“人民检察院、人民法院需要调取同步录音录像的，监察机关应当予以配合，经审批依法予以提供。”

该条规定是对《监察法》第四十四条第二款“调查人员进行讯问以及搜查、查封、扣押等重要取证工作，应当对全过程进行录音录像，留存备查”规定的进一步细化。对重要取证工作进行全程同步录音录像，对于证明取证行为的合法性和被调查人供述的真实性具有重要意义。

四、采取监察措施履行告知、通知义务

《监察法实施条例》第五十八条第一款规定：“采取监察措施需要告知、通知相关人员的，应当依法办理。告知包括口头、书面两种方式，通知应当采取书面方式。采取口头方式告知的，应当将相关情况制作工作记录；采取书面方式告知、通知的，可以通过直接送交、邮寄、转交等途径送达，将有关回执或者凭证附卷。”第二款规定：“无法告知、通知，或者相关人员拒绝接收的，调查人员应当在工作记录或者有关文书上记明。”

该条是对《监察法实施条例》第七条规定的进一步落实，旨在对监察机关保障被调查人和相关人员的知情权等合法权益提出总体要求。

第二节　证　　据

《监察法》中的“证据”，是指以法律规定形式表现出来的，能够证明监察机关所调查事项的真实情况的一切事实。证据具有客观性、关联性和合法性三个基本属性，它是监察机关调查工作的基础和核心。证据的种类包括物证，书证，证人证言，被害人陈述，被调查人陈述、供述和辩解，鉴定意见，勘验检查、辨认、调查实验等笔录，视听资料、电子数据等。

一、收集证据一般原则

《监察法》第十八条规定了收集证据一般原则，第一款规定：“监察机关行使监督、调查职权，有权依法向有关单位和个人了解情况，收集、调取证据。有关单位和个人应当如实提供。”第二款规定：“监察机关及其工作人员对监督、调查过程中知悉的国家秘密、工作秘密、商业秘密、个人隐私和个人信息，应当保密。”第三款规定：“任何单位和个人不得伪造、隐匿或者毁灭证据。”

（一）监察机关依法收集证据，有关单位和个人有配合取证的义务

监察机关依法向有关单位和个人了解情况，收集、

调取证据，是查明事实、惩治腐败、保障被调查人合法权益的需要。“如实提供”，是指有关单位和个人提供的财物、文件、电子信息以及其他有关的材料，应当真实反映与监察事项相关的内容、情节、线索等，不得伪造、更改、虚构。

（二）对监督、调查过程中知悉的国家秘密、工作秘密、商业秘密、个人隐私和个人信息的保密义务

这是对监察机关及其工作人员的要求。“国家秘密”，是指关系国家安全和利益，依照法定程序确定，在一定时间内只限一定范围人员知悉的事项；“工作秘密”，是指机关、单位在履行职能过程中产生或者获取的，不属于国家秘密，但泄露后会妨碍机关、单位履行职能或者对国家安全、公共利益造成不利影响的内部敏感事项；“商业秘密”，是指不为公众所知悉，能为权利人带来经济利益，具有实用性并经权利人采取保密措施的技术信息和经营信息；“个人隐私”，是指个人生活中不愿公开或者不愿为他人知悉的秘密；“个人信息”，是指以电子或者其他方式记录的与已识别或者可识别的自然人有关的各种信息，不包括匿名化处理后的信息。有关法律法规对国家秘密、工作秘密、商业秘密、个人隐私和个人信息等的保护作了规定。监察机关及其工作人员对监督、调查过程中知悉的国家秘密、工作秘密、商业秘密、个人隐私和个人信息，应当妥善保

管，不得遗失、泄露。

（三）不得伪造、隐匿或者毁灭证据

伪造、隐匿或者毁灭证据，既会对监察机关的监督、调查工作造成严重影响，造成被监督人、被调查人逃脱本应承担的法律责任，或者造成冤假错案，又会对人民检察院的审查起诉、人民法院的审判等活动造成严重影响。“任何单位和个人”，是指不论是监察机关及其工作人员，还是被监督人、被调查人、证人或者其他相关单位和个人，都不得伪造、隐匿或者毁灭证据。凡是有这种行为的，都必须追究其法律责任，构成犯罪的，依法追究其刑事责任。

需要注意的是，监察机关及其工作人员了解情况以及收集、调取证据必须客观全面，被监督人、被调查人有无职务违法犯罪、法律责任重或者轻的证据都要收集，不得有意遗漏。

二、监察机关所收集的证据的法律效力，取证的要求和标准，以及非法证据排除规则

《监察法》第三十六条第一款规定：“监察机关依照本法规定收集的物证、书证、证人证言、被调查人供述和辩解、视听资料、电子数据等证据材料，在刑事诉讼中可以作为证据使用。”第二款规定：“监察机关在收集、固定、审查、运用证据时，应当与刑事审判关于证据的要求和标准相一致。”第三款规定：“以非法方法收集的证据应当依法予以排除，不得作为案件处置的依据。”

（一）监察机关收集的证据材料在刑事诉讼中作为证据使用

《监察法》第三十六条第一款规定涉及的证据材料范围是物证、书证、证人证言、被调查人供述和辩解、视听资料、电子数据等证据。“可以作为证据使用”，是指这些证据具有进入刑事诉讼的资格，不需要刑事侦查机关再次履行取证手续。需要指出的是，这些证据能否作为定案的根据，还需要根据《刑事诉讼法》的其他规定进行审查判断。如果经审查属于应当排除的或者不真实的，不能作为定案的根据。

（二）与刑事审判关于证据的要求和标准相衔接

刑事审判关于证据的要求和标准有严格、细致的规定，监察机关收集的证据材料在刑事诉讼中作为证据使用，必须要与其相衔接、相一致。

（三）监察机关排除非法证据义务

以非法的方法收集证据，主要是指以暴力、威胁、引诱、欺骗等非法方法来获取证据。需要注意的是，对不符合法定程序收集的证据，不能一概视为非法证据而予以排除，而是应当区别对待。对可能严重影响处置结果合法公正的，应当要求相关调查人员予以补正或者作出合理解释，如果作了补正或者合理解释，不影响证据使用的，该证据可以继续使用。不能补正或者不能作出合理解释的，对该证据应当予以排除。此外，经查证，不能排除存在以非法方法收集证据情形的，对有关证据应当排除。

三、监察机关调查取证工作要求

《监察法》第四十三条第一款规定："监察机关对职务违法和职务犯罪案件，应当进行调查，收集被调查人有无违法犯罪以及情节轻重的证据，查明违法犯罪事实，形成相互印证、完整稳定的证据链。"第二款规定："调查人员应当依法文明规范开展调查工作。严禁以暴力、威胁、引诱、欺骗及其他非法方式收集证据，严禁侮辱、打骂、虐待、体罚或者变相体罚被调查人和涉案人员。"第三款规定："监察机关及其工作人员在履行职责过程中应当依法保护企业产权和自主经营权，严禁利用职权非法干扰企业生产经营。需要企业经营者协助调查的，应当保障其人身权利、财产权利和其他合法权益，避免或者尽量减少对企业正常生产经营活动的影响。"

（一）依法全面收集证据

依法全面收集证据主要是指，监察机关调查人员必须严格依照规定程序，收集能够证实被调查人有无违法犯罪以及情节轻重的各种证据。这要求我们收集证据必须要客观、全面，不能只收集一方面的证据。监察机关调查人员在收集完证据之后，要对收集到的证据进行分析研究，鉴别真伪，找出证据与案件事实之间的客观内在联系，形成相互印证、完整稳定的证据链。

（二）依法文明规范开展调查工作

修改后的《监察法》在监察程序中增加规定，“调查人员应当依法文明规范开展调查工作”，并明确了不得以暴力方式收集证据的要求，坚决杜绝暴力取证，体现了对监察权的监督制约和对公民权利的保障。需要注意的是，通过思想政治工作让被调查人和涉案人员主动交代，争取从宽处理；对被调查人和涉案人员宣讲党和国家的政策，宣传法律关于如实供述自己罪行可以从宽处罚的规定，不属于强迫被调查人证实自己有罪。

（三）依法保护企业产权和自主经营权

习近平总书记强调，“纪检监察机关在履行职责过程中，有时需要企业经营者协助调查，这种情况下，要查清问题，也要保障其合法的人身和财产权益，保障企业合法经营”。修改后的《监察法》落实党中央要求，对监察机关依法保护企业产权和自主经营权作出专门规定，要求在履行职责过程中需要企业经营者协助调查的，应当保障其人身权利、财产权利和其他合法权益，避免或者尽量减少对企业正常生产经营活动的影响，为促进企业发展营造良好法治环境。

四、《监察法实施条例》关于证据的有关规定

（一）证据种类和法律效力

《监察法实施条例》第五十九条第一款规定："可以用于证明案件事实的材料都是证据，包括：（一）物证；（二）书证；（三）证人证言；（四）被害人陈述；（五）被调查人陈述、供述和辩解；（六）鉴定意见；（七）勘验检查、辨认、调查实验等笔录；（八）视听资料、电子数据。"第二款规定："监察机关向有关单位和个人收集、调取证据时，应当告知其必须依法如实提供证据。对于不按要求提供有关材料，泄露相关信息，伪造、隐匿、毁灭证据，提供虚假情况或者阻止他人提供证据的，依法追究法律责任。"第三款规定："监察机关依照监察法和本条例规定收集的证据材料，经审查符合法定要求的，在刑事诉讼中可以作为证据使用。"

该条规定是对《监察法》第三十六条第一款规定的细化。《监察法》第三十六条第一款，对证据种类的规定采用了不完全列举的方式，"等证据材料"还包含尚未列举的其他证据种类。《监察法实施条例》第五十九条在《监察法》规定的基础上，结合监察工作实际，将证据种类进行了完全列举。

（二）全面客观收集、固定证据

《监察法实施条例》第六十条第一款规定："监察

机关认定案件事实应当以证据为根据，全面、客观地收集、固定被调查人有无违法犯罪以及情节轻重的各种证据，形成相互印证、完整稳定的证据链。”第二款规定：“只有被调查人陈述或者供述，没有其他证据的，不能认定案件事实；没有被调查人陈述或者供述，证据符合法定标准的，可以认定案件事实。”

该条规定是对《监察法》第四十三条第一款规定的细化，旨在明确监察机关收集、固定证据的总体要求和标准。该条同时强调，没有被调查人陈述或者供述，证据符合法定标准的，仍然可以认定案件事实，这有利于引导监察人员按照法定标准全面调取证据。

（三）证据审查判断的一般要求

《监察法实施条例》第六十一条规定：“证据必须经过查证属实，才能作为定案的根据。审查认定证据，应当结合案件的具体情况，从证据与待证事实的关联程度、各证据之间的联系、是否依照法定程序收集等方面进行综合判断。”

规定该条的主要目的是规范监察机关证据审查工作，严格贯彻实事求是原则，保证证据的真实性、关联性、合法性。

（四）严禁以非法方法收集证据

《监察法实施条例》第六十四条规定：“严禁以暴力、威胁、引诱、欺骗以及非法限制人身自由等非法方法收集证据，严禁侮辱、打骂、虐待、体罚或者变相体罚被调查人、涉案人员和证人。”

该条规定是对《监察法》第四十三条第二款规定的进一步细化。

（五）非法证据排除

《监察法实施条例》第六十五条第一款规定：“对于调查人员采用暴力、威胁以及非法限制人身自由等非法方法收集的被调查人供述、证人证言、被害人陈述，应当依法予以排除。”第二款规定：“前款所称暴力的方法，是指采用殴打、违法使用戒具等方法或者变相肉刑的恶劣手段，使人遭受难以忍受的痛苦而违背意愿作出供述、证言、陈述；威胁的方法，是指采用以暴力或者严重损害本人及其近亲属合法权益等进行威胁的方法，使人遭受难以忍受的痛苦而违背意愿作出供述、证言、陈述。”第三款规定：“收集物证、书证不符合法定程序，可能严重影响案件公正处理的，应当予以补正或者作出合理解释；不能补正或者作出合理解释的，对该证据应当予以排除。”

该条规定是对《监察法》第三十六条第三款规定的进一步细化，也是监察执法与刑事司法衔接的具体体现。

第三节　监察措施

为保障监察机关有效履行监察职责，《监察法》对监察机关在工作中可以采取的监察措施作了明确规定。2018 年《监察法》规定了监察机关可以决定并实施的十二项监察措施以及经批准交有关机关执行的三项措施。修改后的《监察法》根据反腐败工作需要和监察工作特点，本着确有必要、科学合理的原则，新增强制到案、责令候查、管护三项监察强制措施，与原有的留置措施一起，形成轻重结合、配套衔接、环环相扣的监察强制措施体系。同时，修改《监察法》坚持授权与控权相结合，既赋予监察机关必要权限，进一步丰富反腐败工具箱，又强化对监察措施行使的管理监督。

一、谈话

《监察法》第十九条规定："对可能发生职务违法的监察对象，监察机关按照管理权限，可以直接或者委托有关机关、人员进行谈话，或者进行函询，要求说明情况。"

规定《监察法》第十九条的主要目的是使监察工作与党内监督执纪"四种形态"的第一种形态相匹配，使谈话、函询成为一种法律手段。

监察机关按照管理权限进行谈话，或者进行函询，要求说明情况，要按程序报批。谈话由监察机关相关负责人或者承办部门主要负责人进行的，可以由被谈话人所在机关、组织、企业等单位党委（党组）或者纪委（纪检组）主要负责人陪同。“委托有关机关、人员”，是指委托被谈话人所在机关、组织、企业等单位党委（党组）主要负责人。谈话工作应当在谈话结束后的规定时间内，由承办部门写出情况报告和处置意见后报批，根据不同情况作出相应处置：（1）反映不实，或者没有证据证明可能发生职务违法行为的，予以了结澄清；（2）有证据证明可能发生职务违法行为但情节较轻的，按照管理权限，由监察机关直接或者委托有关机关、人员进行批评教育、责令检查，或者予以诫勉；（3）反映问题比较具体，但被反映人予以否认，或者其说明存在明显问题的，应当再次谈话或者进行初步核实。函询应当以监察机关办公厅（室）名义发函给被反映人，并抄送其所在单位和派驻监察机构主要负责人。被函询人应当在收到函件后十五个工作日以内写出说明材料，由其所在单位主要负责人签署意见后发函回复。监察机关根据工作需要，经审批可以对谈话、函询情况进行核实。

《监察法》第二十条第一款规定：“在调查过程中，对涉嫌职务违法的被调查人，监察机关可以进行谈话，要求其就涉嫌违法行为作出陈述，必要时向被调查人出具书面通知。”

要求被调查人陈述针对的是发生职务违法行为，但尚不构成职务犯罪的公职人员。为了保障这项措施的实施，防止有的被调查人不配合，《监察法》第二十条规定监察机关对被要求陈述的被调查人，在必要时可以出具书面通知。这里的“书面通知”是具有法律效力的文书。如果被调查人此时再不按照要求作出陈述的，则应当追究其法律责任。需要注意的是，要求被调查人就涉嫌的职务违法行为作出陈述，只能由监察机关工作人员来行使，不能委托给其他机关、个人行使。

二、讯问

《监察法》第二十条第二款规定：“对涉嫌贪污贿赂、失职渎职等职务犯罪的被调查人，监察机关可以进行讯问，要求其如实供述涉嫌犯罪的情况。”

“讯问”，是指通过监察机关工作人员提问、被调查人回答的方式，取得印证被调查人有关职务违法犯罪事实的口供及其他证据的过程。讯问这些涉嫌职务犯罪的被调查人是调查活动中的重要权限之一，讯问笔录也是作出处置、审查起诉和刑事审判的重要证据。调查中的讯问权只能由监察机关工作人员依法行使，不能委托给其他机关、个人行使。讯问活动要符合《监察法》及其他法律法规关于具体程序、要求等的规定。

三、强制到案

《监察法》第二十一条规定："监察机关根据案件情况，经依法审批，可以强制涉嫌严重职务违法或者职务犯罪的被调查人到案接受调查。"

修改后的《监察法》新增强制到案措施，规定监察机关根据案件情况，可以强制涉嫌严重职务违法或者职务犯罪的被调查人到案接受调查，以解决监察实践中存在的部分被调查人经通知不到案的问题，增强监察执法权威性。

四、询问

（一）《监察法》关于询问的规定

《监察法》第二十二条规定："在调查过程中，监察机关可以询问证人等人员。"

询问措施来源于纪检监察机关多年实践中运用的执纪审查手段。监察机关肩负着调查职务违法和职务犯罪的职责，为了履行好这一职责，《监察法》将询问措施确定为监察机关的调查权限。

采取询问措施的对象是证人等。"证人"，是指知道监察机关所调查案件真相的当事人以外的第三人。凡是知道案件情况的人，都有作证的义务。生理上、精神上有缺陷或者年幼，不能辨别是非、不能正确表达的人，不能作证人。监察机关调查人员询问证人，可以到证人所在单位、住处或者证人提出的地点进行，在必要的时候，可以通知证人到监察机关提供证言。询问证人应当个别进行。询问证人，应当告知他应当如实地提供证据、证言和有意作伪证或者隐匿罪证要负的法律责任。法庭查明证人有意作伪证或者隐匿罪证的时候，应当依法处理。询问活动要符合《监察法》及其他法律法规关于具体程序、要求等的规定。

需要注意的是，证人证言必须在法庭上经过公诉人和被告人、辩护人双方质证并且查实以后，才能作为定案的根据。

（二）《监察法实施条例》关于询问的规定

《监察法实施条例》对保障证人、鉴定人、被害人及其近亲属安全作出专门规定。《监察法实施条例》第九十条第一款规定："证人、鉴定人、被害人因作证，本人或者近亲属人身安全面临危险，向监察机关请求保护的，监察机关应当受理并及时进行审查；对于确实存在人身安全危险的，监察机关应当采取必要的保护措施。监察机关发现存在上述情形的，应当主动采取保护措施。"第二款规定："监察机关可以采取下列一项或者多项保护措施：（一）不公开真实姓名、住址和工作单位等个人信息；（二）禁止特定的人员接触证人、鉴定人、被害人及其近亲属；（三）对人身和住宅采取专门性保护措施；（四）其他必要的保护措施。"第三款规定："依法决定不公开证人、鉴定人、被害人的真实姓名、住址和工作单位等个人信息的，可以在询问笔录等法律文书、证据材料中使用化名。但是应当另行书面说明使用化名的情况并标明密级，单独成卷。"第四款规定："监察机关采取保护措施需要协助的，可以提请公安机关等有关单位和要求有关个人依法予以协助。"

该条第一款规定了监察机关应当采取保护措施的两种情况：一是证人等人员向监察机关提出保护请求。监察机关对于证人等人员提出的请求，应当受理并及时进行审查。监察机关进行审查，是为了确定危险客观存在，保证国家机关执法资源正确使用。在审查中，监察机关工作人员应当全面了解情况，根据相关事实和线索判断证人等人员是否确实存在现实的人身安全危险，并针对危险的具体情况确定需要采取的安全保障措施。二是监察机关发现证人等人员面临危险，主动采取保护措施。这对监察机关主动履行保护职责提出了明确要求。

第二款规定了监察机关保护证人等人员的四项具体措施：一是不公开真实姓名、住址和工作单位等个人信息。这是指监察机关在办理案件过程中，对证人等人员的个人信息予以保密。比如，在询问笔录、相关法律文书以及新闻报道中，使用化名等修改后的信息替代个人真实信息。个人信息除《监察法实施条例》第九十条第二款第一项规定的姓名、住址和工作单位外，还包括能够使人辨认出或推断出证人等人员真实身份的其他个人信息，比如电话号码、籍贯、年龄、外貌特征等。二是禁止特定的人员接触证人、鉴定人、被害人及其近亲属。“特定的人员”，是指可能对证人、鉴定人、被害人及其近亲属人身安全造成威胁的人员。比如，因证人等人员作证可能给案件被调查人带来不利影响，被调查人及其近亲属可能实施打击报复的，应当禁止其接触证人、鉴定人、被害人及其近亲属。三是对人身和住宅采取专门性保护措施。“专门性保护措施”，是指监察机关指派人员或者请公安机关派出警力，对证人等人员的人身或者住宅进行专门保护的措施，比如派专人陪同，在住宅周边巡逻等。四是其他必要的保护措施。这是指除上述三项措施以外，有必要采取的能够切实保障证人等人员安全的措施。

第三款规定了对证人、鉴定人、被害人使用化名的具体要求。对证人、鉴定人、被害人使用化名，是为了防止公开真实个人信息可能给其带来危险。“使用化名”包括不使用真实姓名，也包括不使用真实住址和工作单位等信息。

第四款规定了监察机关采取保护措施时，公安机关等有关单位及个人的协助义务。监察机关保护证人等人员，有时需要公安机关等有关单位和个人的配合。明确有关单位及个人的协助义务，有利于监察机关更好地保护证人等人员的安全。

五、责令候查

《监察法》第二十三条第一款规定："被调查人涉嫌严重职务违法或者职务犯罪，并有下列情形之一的，经监察机关依法审批，可以对其采取责令候查措施：（一）不具有本法第二十四条第一款所列情形的；（二）符合留置条件，但患有严重疾病、生活不能自理的，系怀孕或者正在哺乳自己婴儿的妇女，或者生活不能自理的人的唯一扶养人；（三）案件尚未办结，但留置期限届满或者对被留置人员不需要继续采取留置措施的；（四）符合留置条件，但因为案件的特殊情况或者办理案件的需要，采取责令候查措施更为适宜的。"第二款规定："被责令候查人员应当遵守以下规定：（一）未经监察机关批准不得离开所居住的直辖市、设区的市的城市市区或者不设区的市、县的辖区；（二）住址、工作单位和联系方式发生变动的，在二十四小时以内向监察机关报告；（三）在接到通知的时候及时到案接受调查；（四）不得以任何形式干扰证人作证；（五）不得串供或者伪造、隐匿、毁灭证据。"第三款规定："被责令候查人员违反前款规定，情节严重的，可以依法予以留置。"

修改后的《监察法》新增责令候查措施，以解决未被采取留置措施的被调查人缺乏相应监督管理措施的问题，同时减少留置措施适用，彰显监察工作尊重和保障人权、维护监察对象和相关人员合法权益的基本原则。

六、留置

（一）《监察法》关于留置的规定

《监察法》第二十四条第一款规定："被调查人涉嫌贪污贿赂、失职渎职等严重职务违法或者职务犯罪，监察机关已经掌握其部分违法犯罪事实及证据，仍有重要问题需要进一步调查，并有下列情形之一的，经监察机关依法审批，可以将其留置在特定场所：（一）涉及案情重大、复杂的；（二）可能逃跑、自杀的；（三）可能串供或者伪造、隐匿、毁灭证据的；（四）可能有其他妨碍调查行为的。"第二款规定："对涉嫌行贿犯罪或者共同职务犯罪的涉案人员，监察机关可以依照前款规定采取留置措施。"第三款规定："留置场所的设置、管理和监督依照国家有关规定执行。"

留置，是指监察机关调查涉嫌贪污贿赂、失职渎职等严重职务违法或者职务犯罪时，已经掌握被调查人部分违法犯罪事实及证据，仍有重要问题需要进一步调查，并且具备法定情形，经依法审批后，将被调查人带至并留在特定场所，使其就案件所涉及的问题配合调查而采取的一项案件调查措施。

（二）《监察法实施条例》关于留置的规定

《监察法实施条例》第四章第六节对留置进行了专节规定。

1. 采取留置措施具体情形的细化规定

《监察法实施条例》第九十二条第一款规定：“监察机关调查严重职务违法或者职务犯罪，对于符合监察法第二十二条［注：修改后的《监察法》第二十四条］第一款规定的，经依法审批，可以对被调查人采取留置措施。”第二款规定：“监察法第二十二条［注：修改后的《监察法》第二十四条］第一款规定的严重职务违法，是指根据监察机关已经掌握的事实及证据，被调查人涉嫌的职务违法行为情节严重，可能被给予撤职以上政务处分；重要问题，是指对被调查人涉嫌的职务违法或者职务犯罪，在定性处置、定罪量刑等方面有重要影响的事实、情节及证据。”第三款规定：“监察法第二十二条［注：修改后的《监察法》第二十四条］第一款规定的已经掌握其部分违法犯罪事实及证据，是指同时具备下列情形：（一）有证据证明发生了违法犯罪事实；（二）有证据证明该违法犯罪事实是被调查人实施；（三）证明被调查人实施违法犯罪行为的证据已经查证属实。”第四款规定：“部分违法犯罪事实，既可以是单一违法犯罪行为的事实，也可以是数个违法犯罪行为中任何一个违法犯罪行为的事实。”

根据《监察法》第二十四条第一款规定，监察机关对于涉嫌贪污贿赂、失职渎职等严重职务违法或者职务犯罪的被调查人，具备法定情形的，经依法审批可以采取留置措施。为准确理解和把握留置措施的适用情形，《监察法实施条例》第九十二条至第九十五条对留置适用情形逐项作了细化。

关于监察机关采取留置措施的原则。监察机关采取留置措施应当按照法律规定的条件、程序要求从严掌握、慎重决策，履行严格的审批手续，不得越权或者违规采取留置措施。

关于留置适用中“严重职务违法”“重要问题”的细化规定。对被调查人是否采取留置措施，应当与其涉嫌违法犯罪行为的严重程度相适应。对被调查人可能给予政务处分的轻重，反映了其涉嫌职务违法行为的严重程度。“撤职以上政务处分”，包括撤职、开除两种处分种类。

对于“严重职务违法”的判断。应当根据已经掌握的事实及证据，认定被调查人涉嫌的职务违法行为情节严重，可能被给予撤职以上政务处分。决定或者批准采取留置措施，都要建立在事实、证据的基础上，严禁没有根据地判断可能给予的处分种类或幅度。

关于“重要问题”的界定。进一步查清违法犯罪事实、收集证据材料是对被调查人采取留置措施的重要目的之一。仍有重要问题需要进一步调查，是采取留置措施的必要条件。

关于“已经掌握其部分违法犯罪事实及证据”的细化规定。针对《监察法》第二十四条第一款规定的“已经掌握其部分违法犯罪事实及证据”，《监察法实施条例》第九十二条第三款列举了三项应当同时具备的情形。其中，“查证属实”是指调查人员依照法定程序收集的证据，能够证明被调查人实施了违法犯罪行为，且证据之间能够互相印证。

关于“部分违法犯罪事实”的规定。监察机关在这个阶段尚未对案件开展全面、深入的调查，对被调查人采取留置措施，是为了保障调查工作顺利进行，以进一步收集证据、查清违法犯罪事实。因此，《监察法实施条例》第九十二条第四款强调有证据证明的违法犯罪事实，可以是单一违法犯罪行为的事实，也可以是数个违法犯罪行为中任何一个违法犯罪行为的事实，并不要求调查人员查清被调查人全部违法犯罪行为的事实。

2. 留置适用情形中“可能逃跑、自杀”的细化规定

《监察法实施条例》第九十三条规定：“被调查人具有下列情形之一的，可以认定为监察法第二十二条［注：修改后的《监察法》第二十四条］第一款第二项所规定的可能逃跑、自杀：（一）着手准备自杀、自残或者逃跑的；（二）曾经有自杀、自残或者逃跑行为

的；（三）有自杀、自残或者逃跑意图的；（四）其他可能逃跑、自杀的情形。”

该条对《监察法》第二十四条第一款第二项规定的“可能逃跑、自杀”，列举了四种具体情形：

一是着手准备自杀、自残或者逃跑的。强调的是被调查人为自杀、自残或者逃跑，做了相关准备工作，实施了具体的行为。比如购买了机票、车票，伪造了相关身份证件，购买了用于自杀或者自残的药物、工具等。

二是曾经有自杀、自残或者逃跑行为的。被调查人曾经实施过自杀、自残或者逃跑行为，则再次实施此类行为的可能性相对较大，有必要采取防范措施。

三是有自杀、自残或者逃跑意图的。强调的是被调查人有这方面的思想状态，并通过一定的客观行为表现出来。比如，在日记中记录或向家人、朋友表达过自杀、自残或者逃跑的想法，书写了遗书等。

四是其他可能逃跑、自杀的情形。《监察法实施条例》第九十三条第四项是兜底项，主要是为了涵盖实践中其他可能出现的情形。对该项规定的适用，要结合案件具体情况进行综合分析研判，杜绝没有证据的主观臆测。

3. 留置适用情形中“可能串供或者伪造、隐匿、毁灭证据”的细化规定

《监察法实施条例》第九十四条规定：“被调查人

具有下列情形之一的，可以认定为监察法第二十二条［注：修改后的《监察法》第二十四条］第一款第三项所规定的可能串供或者伪造、隐匿、毁灭证据：（一）曾经或者企图串供，伪造、隐匿、毁灭、转移证据的；（二）曾经或者企图威逼、恐吓、利诱、收买证人，干扰证人作证的；（三）有同案人或者与被调查人存在密切关联违法犯罪的涉案人员在逃，重要证据尚未收集完成的；（四）其他可能串供或者伪造、隐匿、毁灭证据的情形。”

该条针对《监察法》第二十四条第一款第三项的规定，列举了四种具体情形：

一是曾经或者企图串供，伪造、隐匿、毁灭、转移证据的。“曾经”，指的是被调查人以前实施过此类行为。“企图”，指的是被调查人为实施此类行为做了相应的准备或者有实施行为的意思表示。被调查人实施串供，伪造、隐匿、毁灭、转移证据等行为，是为了掩盖违法犯罪事实，逃避法律的制裁。为保障依法查清事实、惩治违法犯罪，有必要采取相应措施进行防范和控制。

二是曾经或者企图威逼、恐吓、利诱、收买证人，干扰证人作证的。威逼、恐吓、利诱、收买证人，严重阻碍监察机关调查工作的开展，对证人等人员的人身安全造成威胁，有必要采取留置措施。

三是有同案人或者与被调查人存在密切关联违法犯罪的涉案人员在逃，重要证据尚未收集完成的。包含两个条件：（1）有同案人或者与被调查人存在密切关联违法犯罪的涉案人员在逃。“同案人”，一般是指与被调查人共同实施违法犯罪行为的人员，如共同受贿人。“与被调查人存在密切关联违法犯罪的涉案人员”，一般是指所实施的违法犯罪行为与被调查人涉嫌的违法犯罪事实存在较直接关联的人员，比如，行贿人、介绍贿赂人。（2）重要证据尚未收集完成。在同案人或者存在密切关联违法犯罪的涉案人员在逃，重要证据尚未收集完成的情况下，被调查人与涉案人员建立攻守同盟或者隐匿、毁灭证据，阻碍监察机关调查收集重要证据、查明事实真相的风险较大，采取留置措施具有现实必要性。

四是其他可能串供或者伪造、隐匿、毁灭证据的情形。《监察法实施条例》第九十四条第四项规定在具体适用中应当慎重把握，结合案件具体情况进行综合分析研判。一般在性质和情节上与《监察法实施条例》第九十四条前三项规定的情形大体相当，方可认为符合留置条件，不能随意作扩大解释。

4. 留置适用中“可能有其他妨碍调查行为”情形的细化规定

《监察法实施条例》第九十五条规定：“被调查人

具有下列情形之一的，可以认定为监察法第二十二条［注：修改后的《监察法》第二十四条］第一款第四项所规定的可能有其他妨碍调查行为：（一）可能继续实施违法犯罪行为的；（二）有危害国家安全、公共安全等现实危险的；（三）可能对举报人、控告人、被害人、证人、鉴定人等相关人员实施打击报复的；（四）无正当理由拒不到案，严重影响调查的；（五）其他可能妨碍调查的行为。”

为了涵盖实践中发生的确需采取留置措施的情形，《监察法》第二十四条第一款第四项规定了兜底条款。《监察法实施条例》第九十五条对该项兜底条款，列举了“可能有其他妨碍调查行为”的五种情形：

一是可能继续实施违法犯罪行为的。对于这一类情形，一方面，需要从被调查人主观恶性和违法犯罪习性进行考量。比如，被调查人是否多次实施违法犯罪行为，是否曾经被给予处分或者被判处过刑罚，或者正在被调查的违法犯罪行为属于故意还是过失等。另一方面，也应当从客观行为表现进行考量。比如，有证据证明被调查人已经开始策划、预备实施某种违法犯罪行为等。

二是有危害国家安全、公共安全等现实危险的。所谓“现实危险”，主要是指有证据或者迹象表明被调查人很有可能实施危害国家安全、公共安全的行为。比如，正在为此积极策划、组织或者进行准备。

三是可能对举报人、控告人、被害人、证人、鉴定人等相关人员实施打击报复的。这里的“打击报复”，包括采取暴力方法进行伤害或者意图进行伤害，威胁、恐吓，或者利用职权等进行刁难、要挟、迫害等行为。对此类被调查人采取留置措施，依法保护举报人、控告人、被害人、证人、鉴定人等相关人员，不仅有利于支持保障举报人、控告人等积极同违法犯罪行为作斗争，也有利于查清案件事实。

四是无正当理由拒不到案，严重影响调查的。适用这一情形，应当同时具备两个要件：（1）监察机关已依法通知被调查人到案接受调查，被调查人无正当事由拒绝配合调查。（2）被调查人不到案严重影响了案件调查工作的顺利进行。

五是其他可能妨碍调查的行为。《监察法实施条例》第九十五条第五项是兜底项，主要是为了涵盖实践中其他可能出现的情形，解决实际问题。适用该规定，应当把握妨碍调查行为的现实可能性，防止随意扩大解释。

5. 采取留置措施具体要求

依照《监察法实施条例》第九十七条规定，采取留置措施时，调查人员不得少于二人，应当向被留置人员宣布《留置决定书》，告知被留置人员权利义务，要求其在《留置决定书》上签名、捺指印。被留置人员拒绝签名、捺指印的，调查人员应当在文书上记明。

6. 采取留置措施通知事项

依照《监察法实施条例》第九十八条规定，采取留置措施后，应当在二十四小时以内通知被留置人员所在单位和家属。当面通知的，由有关人员在《留置通知书》上签名。无法当面通知的，可以先以电话等方式通知，并通过邮寄、转交等方式送达《留置通知书》，要求有关人员在《留置通知书》上签名。因可能毁灭、伪造证据，干扰证人作证或者串供等有碍调查情形而不宜通知的，应当按规定报批，记录在案。有碍调查的情形消失后，应当立即通知被留置人员所在单位和家属。

7. 被留置人员权利保障

依照《监察法实施条例》第一百条规定，留置过程中，应当保障被留置人员的合法权益，尊重其人格和民族习俗，保障饮食、休息和安全，提供医疗服务。

七、管护

《监察法》第二十五条第一款规定："对于未被留置的下列人员，监察机关发现存在逃跑、自杀等重大安全风险的，经依法审批，可以进行管护：（一）涉嫌严重职务违法或者职务犯罪的自动投案人员；（二）在接受谈话、函询、询问过程中，交代涉嫌严重职务违法或者职务犯罪问题的人员；（三）在接受讯问过程中，主动交代涉嫌重大职务犯罪问题的人员。”第二款规定：“采取管护措施后，应当立即将被管护人员送留置场所，至迟不得超过二十四小时。”

修改后的《监察法》新增管护措施，规定监察机关对自动投案或者交代有关问题的涉嫌严重职务违法或者职务犯罪人员，在紧急情况下可以进行管护，以保障办案安全。

八、查询、冻结

《监察法》第二十六条第一款规定：“监察机关调查涉嫌贪污贿赂、失职渎职等严重职务违法或者职务犯罪，根据工作需要，可以依照规定查询、冻结涉案单位和个人的存款、汇款、债券、股票、基金份额等财产。有关单位和个人应当配合。”第二款规定：“冻结的财产经查明与案件无关的，应当在查明后三日内解除冻结，予以退还。”

关于查询、冻结要件。一是涉案要件。查询、冻结的涉案要件，是监察机关正在调查的涉嫌贪污贿赂、失职渎职等严重职务违法或者职务犯罪案件。二是必要性要件。监察机关采取查询、冻结措施，必须“根据工作需要”，这主要是指涉案单位和个人为达到伪造、隐匿、毁灭证据的目的，有可能提取、转移其存款、汇款、债券、股票、基金份额等财产，以及其他情形，不采取查询、冻结措施不足以防止这些情形的发生。监察机关采取查询、冻结措施，其对象必须是属于涉案单位和个人而不是其他主体，并且应当向银行或者其他金融机构、有关单位和个人出具查询、冻结书面通知，这些机构、单位和个人应当准予查询、实施冻结并提供必要的协助，不得以任何理由拒绝、阻挠或者拖延。

关于冻结措施期限和延期。《监察法实施条例》第一百零八条规定，冻结财产的期限不得超过六个月。冻结期限到期未办理续冻手续的，冻结自动解除。有特殊原因需要延长冻结期限的，应当在到期前按原程序报批，办理续冻手续。每次续冻期限不得超过六个月。

关于出售、变现冻结的特定财产。《监察法实施条例》第一百一十条规定，冻结财产应当通知权利人或者其法定代理人、委托代理人，要求其在《冻结财产告知书》上签名。冻结股票、债券、基金份额等财产，应当告知权利人或者其法定代理人、委托代理人有权申请出售。对于被冻结的股票、债券、基金份额等财产，权利人或者其法定代理人、委托代理人申请出售，不损害国家利益、被害人利益，不影响调查正常进行的，经审批可以在案件办结前由相关机构依法出售或者变现。对于被冻结的汇票、本票、支票即将到期的，经审批可以在案件办结前由相关机构依法出售或者变现。出售上述财产的，应当出具《许可出售冻结财产通知书》。出售或者变现所得价款应当继续冻结在其对应的银行账户中；没有对应的银行账户的，应当存入监察机关指定的专用账户保管，并将存款凭证送监察机关登记。监察机关应当及时向权利人或者其法定代理人、委托代理人出具《出售冻结财产通知书》，并要求其签名。拒绝签名的，调查人员应当在文书上记明。

关于解冻无关财产。《监察法实施条例》第一百一十一条规定，对于冻结的财产，应当及时核查。经查明与案件无关的，经审批，应当在查明后三日以内将《解除冻结财产通知书》送交有关单位执行。解除情况应当告知被冻结财产的权利人或者其法定代理人、委托代理人。

九、搜查

《监察法》第二十七条第一款规定："监察机关可以对涉嫌职务犯罪的被调查人以及可能隐藏被调查人或者犯罪证据的人的身体、物品、住处和其他有关地方进行搜查。在搜查时，应当出示搜查证，并有被搜查人或者其家属等见证人在场。"第二款规定："搜查女性身体，应当由女性工作人员进行。"第三款规定："监察机关进行搜查时，可以根据工作需要提请公安机关配合。公安机关应当依法予以协助。"

规定该条的主要目的是规范搜查程序和要求，保障监察机关收集犯罪证据、查获被调查人，确保搜查严格依法进行，防止搜查权滥用，以顺利查明犯罪事实，有力惩治腐败。

关于采取搜查措施的一般规定。《监察法实施条例》第一百一十二条规定，监察机关调查职务犯罪案件，为了收集犯罪证据、查获被调查人，按规定报批后，可以依法对被调查人以及可能隐藏被调查人或者犯罪证据的人的身体、物品、住处、工作地点和其他有关地方进行搜查。

关于采取搜查措施具体要求。《监察法实施条例》第一百一十三条规定，搜查应当在调查人员主持下进行，调查人员不得少于二人。搜查女性的身体，由女性工作人员进行。搜查时，应当有被搜查人或者其家属、其所在单位工作人员或者其他见证人在场。监察人员不得作为见证人。调查人员应当向被搜查人或者其家属、见证人出示《搜查证》，要求其签名。被搜查人或者其家属不在场，或者拒绝签名的，调查人员应当在文书上记明。

关于文明规范开展搜查。《监察法实施条例》第一百一十七条规定，搜查时，应当避免未成年人或者其他不适宜在搜查现场的人在场。搜查人员应当服从指挥、文明执法，不得擅自变更搜查对象和扩大搜查范围。搜查的具体时间、方法，在实施前应当严格保密。

十、调取、查封、扣押

《监察法》第二十八条第一款规定："监察机关在调查过程中，可以调取、查封、扣押用以证明被调查人涉嫌违法犯罪的财物、文件和电子数据等信息。采取调取、查封、扣押措施，应当收集原物原件，会同持有人或者保管人、见证人，当面逐一拍照、登记、编号，开列清单，由在场人员当场核对、签名，并将清单副本交财物、文件的持有人或者保管人。”第二款规定：“对调取、查封、扣押的财物、文件，监察机关应当设立专用账户、专门场所，确定专门人员妥善保管，严格履行交接、调取手续，定期对账核实，不得毁损或者用于其他目的。对价值不明物品应当及时鉴定，专门封存保管。”第三款规定：“查封、扣押的财物、文件经查明与案件无关的，应当在查明后三日内解除查封、扣押，予以退还。”

调取、查封、扣押是监察机关调查职务违法、职务犯罪案件时收集、固定证据的一项重要措施。监察机关在调查过程中，发现的被调查人涉嫌职务违法或职务犯罪的财物、文件和电子数据等信息，需要及时、全面、准确地收集、固定，防止涉嫌违法犯罪的单位或者人员藏匿、毁灭证据，以便及时有效地查清案件。同时，对范围、程序和保管及解除查封、扣押的要求作出规范，有利于确保监察机关正确行使调取、查封、扣押的监察权限，保护当事人合法权益。

关于调取、查封、扣押范围。调取、查封、扣押的范围要同时具备以下两个条件：第一，需要调取、查封、扣押的财物、文件、电子数据必须是监察机关在调查过程中发现的；第二，上述这些财物、文件、电子数据必须与监察机关调查的职务违法犯罪行为有关联，能够或者有可能证明该违法犯罪行为的真实情况。其中，“用以证明被调查人涉嫌违法犯罪的财物、文件和电子数据”，是指能够证明被调查人有或者无违法犯罪行为、违法犯罪行为重或者轻的物证、书证、视听资料及电子数据信息等证据。“财物”，是指可作为证据使用的财产和物品，包括动产和不动产，如房屋、汽车、人民币、金银首饰、古玩字画等。

关于调取、查封、扣押的程序，主要有以下几个方面要求：一是采取调取、查封、扣押措施的，必须经监察机关相关负责人审批，并开具文书。二是应由 2 名以上调查人员持工作证件和文书，并有持有人或者保管人、见证人在场。见证人在场有利于证实整个过程，有利于调查人员严格依法行使监察权，防止侵犯当事人合法权益。三是应当收集原物原件。查封、扣押不动产、车辆、船舶等财物，可以扣押其权利证书，经拍照或者录像后原地封存。对书证、视听资料、电子数据，应当调取原件。取得原件确有困难的，可以调取副本或者复制件，但原件也要采用一定方式加以固定。四是在仔细查点的基础上，当面逐一拍照、登记、编号，开列清单，由在场人员当场核对、签字。在清单上写明调取、查封、扣押财物和文件的名称、规格、特征、质量、数量，文件和电子数据的编号，以及发现的地点和时间等。清单不得涂改，凡是必须更正的，须共同签名或盖章，或者重新开列清单。清单副本交财物、文件的持有人或者保管人。

关于被调取、查封、扣押的财物、文件和电子数据保管。对调取、查封、扣押的财物、文件和电子数据，监察机关应当设立专用账户、专门场所，配备专用的存储设备，由专门人员妥善保管和使用。“妥善保管”，主要是指将调取、查封、扣押的财物、文件要放置于安全设施较完备的地方保管，以防止证据遗失、毁损或者被调换。要根据财物、文件和电子数据的不同类别登记入卷，不能入卷的，应当拍照后将照片附卷，将原财物、文件予以封存。对价值不明物品，应当及时委托相关机构进行鉴定，专门封存保管。被查封、扣押的财物属于大型物品或数量较多的，应当在拍照并登记后就地封存或易地封存。封存应当张贴盖有监察机关印章的封条，以备查核。对容易损坏的财物，应当采取拍照、录像等方法加以固定和保全。

在调查中需要使用相关财物、文件或者电子数据的，应当履行严格的审批手续，调取、交接应当严格登记。在保管过程中，监察机关还应当确定专门人员定期对被调取、查封、扣押的财物、文件和电子数据进行对账核查，确保账实相符。任何单位和个人都不得以任何借口将被调取、查封、扣押的财物、文件用于调查违法犯罪行为以外的目的，也不得将其毁损或者自行处理，要保证其完好无损。需要注意的是，监察机关不得随意扩大调取、查封、扣押的范围，其他任何与案件无关的财物、文件、电子数据都不得调取、查封、扣押，否则就是对当事人合法权益的侵犯。

关于解除查封、扣押的要求。查封、扣押的目的是为了保护证据，查明、证实违法犯罪行为，但同时也要切实保障公民、组织的合法权利。所以，监察机关对查封、扣押的财物、文件，应当及时进行认真审查。经过调查核实，认定该查封、扣押的财物等并非违法所得，也不具有证明被调查人违法犯罪情况，不能作为证据使用，或者与违法犯罪行为无任何牵连的，应当在三日内解除查封、扣押，并退还原持有人或者保管人。

关于出售、变现扣押财产。《监察法实施条例》第一百三十二条规定，对于被扣押的股票、债券、基金份额等财产，以及即将到期的汇票、本票、支票，依法需要出售或者变现的，按照本条例关于出售冻结财产的规定办理。

关于立案前接收主动上交涉案财物。《监察法实施条例》第一百三十五条第一款、第二款规定，在立案调查之前，对监察对象及相关人员主动上交的涉案财物，经审批可以接收。接收时，应当由二名以上调查人员，会同持有人和见证人进行清点核对，当场填写《主动上交财物登记表》。调查人员、持有人和见证人应当在登记表上签名或者盖章。

十一、勘验检查

《监察法》第二十九条第一款规定："监察机关在调查过程中，可以直接或者指派、聘请具有专门知识的人在调查人员主持下进行勘验检查。勘验检查情况应当制作笔录，由参加勘验检查的人员和见证人签名或者盖章。"第二款规定："必要时，监察机关可以进行调查实验。调查实验情况应当制作笔录，由参加实验的人员签名或者盖章。"

《监察法实施条例》对勘验检查进行了细化规定。

关于采取勘验检查措施的一般规定。《监察法实施条例》第一百三十六条规定，监察机关按规定报批后，可以依法对与违法犯罪有关的场所、物品、人身、尸体、电子数据等进行勘验检查。根据该条规定，监察机关可以进行勘验检查的对象，必须是与违法犯罪有关的场所、物品、人身、尸体、电子数据等，不能随意扩大勘验检查范围。调查人员依法进行勘验检查，必须按照规定的程序报批，不得超越权限自行决定。

关于人身检查。《监察法实施条例》第一百三十九条规定，为了确定被调查人或者相关人员的某些特征、伤害情况或者生理状态，可以依法对其人身进行检查。必要时可以聘请法医或者医师进行人身检查。检查女性身体，应当由女性工作人员或者医师进行。被调查人拒绝检查的，可以依法强制检查。人身检查不得采用损害被检查人生命、健康或者贬低其名誉、人格的方法。对人身检查过程中知悉的个人隐私，应当严格保密。对人身检查的情况应当制作笔录，由参加检查的调查人员、检查人员、被检查人员和见证人签名。被检查人员拒绝签名的，调查人员应当在笔录中记明。

关于调查实验。《监察法实施条例》第一百四十条规定，为查明案情，在必要的时候，经审批可以依法进行调查实验。调查实验，可以聘请有关专业人员参加，也可以要求被调查人、被害人、证人参加。进行调查实验，应当全程同步录音录像，制作调查实验笔录，由参加实验的人签名。进行调查实验，禁止一切足以造成危险、侮辱人格的行为。

关于辨认的范围、要求。《监察法实施条例》第一百四十一条规定，调查人员在必要时，可以依法让被害人、证人和被调查人对与违法犯罪有关的物品、文件、尸体或者场所进行辨认；也可以让被害人、证人对被调查人进行辨认，或者让被调查人对涉案人员进行辨认。辨认工作应当由二名以上调查人员主持进行。在辨认前，应当向辨认人详细询问辨认对象的具体特征，避免辨认人见到辨认对象，并告知辨认人作虚假辨认应当承担的法律责任。几名辨认人对同一辨认对象进行辨认时，应当由辨认人个别进行。辨认应当形成笔录，并由调查人员、辨认人签名。

十二、鉴定

《监察法》第三十条规定：“监察机关在调查过程中，对于案件中的专门性问题，可以指派、聘请有专门知识的人进行鉴定。鉴定人进行鉴定后，应当出具鉴定意见，并且签名。”

该条规定的“专门性问题”，主要是指监察机关在调查过程中遇到的必须运用专门的知识和经验作出科学判断的问题。

鉴定人在运用科学技术或专门知识进行鉴别、判断后，应当出具鉴定意见。鉴定意见是证据之一，经审查核实后，即可作为定案依据。

调查人员应对鉴定意见进行审查，必要时，可以提出补充鉴定或者重新鉴定的意见。被调查人对鉴定意见有异议的，可以申请补充鉴定或者重新鉴定。

需要注意的是，监察机关所指派或者聘请的鉴定人，应当与案件无利害关系。调查人员不能对鉴定人进行技术上的干预，更不能强迫或暗示鉴定人或鉴定机构作出某种不真实的倾向性结论。鉴定人只能就案件中的专门性问题作出结论，不能就法律适用问题作出结论。

关于鉴定类型。《监察法实施条例》第一百四十六条规定，监察机关可以依法开展下列鉴定：（一）对笔迹、印刷文件、污损文件、制成时间不明的文件和以其他形式表现的文件等进行鉴定；（二）对案件中涉及的财务会计资料及相关财物进行会计鉴定；（三）对被调查人、证人的行为能力进行精神病鉴定；（四）对人体造成的损害或者死因进行人身伤亡医学鉴定；（五）对录音录像资料进行鉴定；（六）对因电子信息技术应用而出现的材料及其派生物进行电子证据鉴定；（七）其他可以依法进行的专业鉴定。

十三、技术调查

《监察法》第三十一条第一款规定："监察机关调查涉嫌重大贪污贿赂等职务犯罪，根据需要，经过严格的批准手续，可以采取技术调查措施，按照规定交有关机关执行。"第二款规定："批准决定应当明确采取技术调查措施的种类和适用对象，自签发之日起三个月以内有效；对于复杂、疑难案件，期限届满仍有必要继续采取技术调查措施的，经过批准，有效期可以延长，每次不得超过三个月。对于不需要继续采取技术调查措施的，应当及时解除。"

规定该条的主要目的是规范监察机关技术调查权限以及采取技术调查措施的程序和要求，有利于有力打击重大贪污贿赂等职务犯罪，也有利于保护被调查人的合法权利。“技术调查措施”，是指监察机关为调查职务犯罪需要，根据国家有关规定，主要通过通讯技术手段对被调查人职务违法犯罪行为进行调查。通讯技术手段通常包括电话监听、电子监控、拍照或者录像等手段获取某些物证等。随着科学技术的发展，技术调查手段也会不断地发展变化。

关于采取技术调查措施的适用情形和执行主体。《监察法实施条例》第一百五十三条规定，监察机关根据调查涉嫌重大贪污贿赂等职务犯罪需要，依照规定的权限和程序报经批准，可以依法采取技术调查措施，按照规定交公安机关或者国家有关执法机关依法执行。前款所称重大贪污贿赂等职务犯罪，是指具有下列情形之一：（一）案情重大复杂，涉及国家利益或者重大公共利益的；（二）被调查人可能被判处十年以上有期徒刑、无期徒刑或者死刑的；（三）案件在全国或者本省、自治区、直辖市范围内有较大影响的。

关于采取技术调查措施的保密义务。《监察法实施条例》第一百五十七条规定，调查人员对采取技术调查措施过程中知悉的国家秘密、商业秘密、个人隐私，应当严格保密。采取技术调查措施获取的证据、线索及其他有关材料，只能用于对违法犯罪的调查、起诉和审判，不得用于其他用途。对采取技术调查措施获取的与案件无关的材料，应当经审批及时销毁。对销毁情况应当制作记录，由调查人员签名。

十四、通缉

《监察法》第三十二条规定："依法应当留置的被调查人如果在逃，监察机关可以决定在本行政区域内通缉，由公安机关发布通缉令，追捕归案。通缉范围超出本行政区域的，应当报请有权决定的上级监察机关决定。"

"通缉令"，是指公安机关依法发布的缉捕在逃犯罪嫌疑人的书面命令。

关于通缉措施的适用对象。监察机关可以依法通缉的对象，是指在逃的应当被留置人员，既包括应当被留置的人员在被留置前已经逃跑，也包括其在被留置后脱逃。"应当被留置人员"，是指符合法定留置条件，且监察机关已经依法审批、决定对其采取留置措施的人员。"在逃"，是指逃向不明、难以抓获的状态。

关于通缉措施的决定权。通缉措施属于限制人身自由的重要措施，县级以上监察机关决定对在逃的应当被留置人员采取该措施的，应当按规定报批。通缉范围在本行政区域内的，县级以上监察机关有权自己作出决定，并按规定报批；通缉范围超出本行政区域的，下级监察机关应当逐级报有决定权的上级监察机关，由上级监察机关作出决定，并按规定报批。

关于通缉措施的执行。通缉措施的执行主体是公安机关。监察机关根据工作需要决定采取通缉措施的，应当经审批后，交同级公安机关通过发布通缉令的方式执行。通缉范围超出本行政区域的，由有决定权的上级监察机关交其同级公安机关执行。

十五、限制出境

《监察法》第三十三条规定："监察机关为防止被调查人及相关人员逃匿境外，经省级以上监察机关批准，可以对被调查人及相关人员采取限制出境措施，由公安机关依法执行。对于不需要继续采取限制出境措施的，应当及时解除。"

赋予监察机关采取限制出境措施的权限，主要目的是保障调查工作的顺利进行，防止因被调查人及相关人员逃匿境外，而不能掌握违法犯罪事实及证据，导致调查工作停滞。

关于适用对象。既包括涉嫌职务违法犯罪的被调查人，也包括涉嫌行贿犯罪或者共同职务犯罪的涉案人员，以及与案件有关的其他相关人员。但在实践中，并不是对所有涉嫌职务违法犯罪的被调查人都采取限制出境措施，而是应当把握必要性原则，根据实际情况，对有可能逃匿境外的被调查人限制出境。

关于审批程序。采取限制出境的审批主体和程序非常严格，必须由省级以上监察机关批准，体现了"宽打窄用"的原则，防止限制出境措施的随意使用，切实保护公民合法权利。

关于执行主体。《监察法实施条例》第一百六十二条对《监察法》第三十三条规定进行了细化，监察机关为防止被调查人及相关人员逃匿境外，按规定报批后，可以依法决定采取限制出境措施，交由移民管理机构依法执行。

关于限制出境措施期限。《监察法实施条例》第一百六十四条规定，限制出境措施有效期不超过三个月，到期自动解除。到期后仍有必要继续采取措施的，应当按原程序报批。承办部门应当出具有关函件，在到期前与《延长限制出境措施期限决定书》一并送交移民管理机构执行。延长期限每次不得超过三个月。

第四节　提出从宽处罚建议

《中共中央关于全面推进依法治国若干重大问题的决定》提出，要完善刑事诉讼中认罪认罚从宽制度。《监察法》第三十四条规定了监察机关对涉嫌职务犯罪的被调查人提出从宽处罚建议，与《刑事诉讼法》第十五条和最高人民法院、最高人民检察院、公安部、国家安全部、司法部于 2019 年印发的《关于适用认罪认罚从宽制度的指导意见》作了衔接，主要目的是鼓励被调查人犯罪后改过自新、将功折罪，积极配合监察机关的调查工作，争取宽大处理，体现了惩前毖后、治病救人的精神；同时也为监察机关顺利查清案件提供了有利条件，可以有效节省人力物力，提高反腐败工作的效率。

一、监察机关对涉嫌职务犯罪的被调查人提出从宽处罚建议

《监察法》第三十四条规定：“涉嫌职务犯罪的被调查人主动认罪认罚，有下列情形之一的，监察机关经领导人员集体研究，并报上一级监察机关批准，可以在移送人民检察院时提出从宽处罚的建议：（一）自动投案，真诚悔罪悔过的；（二）积极配合调查工作，如实供述监察机关还未掌握的违法犯罪行为的；（三）积极退赃，减少损失的；（四）具有重大立功表现或者案件涉及国家重大利益等情形的。”

关于“自动投案，真诚悔罪悔过”的细化规定。《监察法实施条例》第二百一十四条规定，涉嫌职务犯罪的被调查人有下列情形之一，如实交代自己主要犯罪事实的，可以认定为监察法第三十一条（注：修改后的《监察法》第三十四条）第一项规定的自动投案，真诚悔罪悔过：（一）职务犯罪问题未被监察机关掌握，向监察机关投案的；（二）在监察机关谈话、函询过程中，如实交代监察机关未掌握的涉嫌职务犯罪问题

的；（三）在初步核实阶段，尚未受到监察机关谈话时投案的；（四）职务犯罪问题虽被监察机关立案，但尚未受到讯问或者采取留置措施，向监察机关投案的；（五）因伤病等客观原因无法前往投案，先委托他人代为表达投案意愿，或者以书信、网络、电话、传真等方式表达投案意愿，后到监察机关接受处理的；（六）涉嫌职务犯罪潜逃后又投案，包括在被通缉、抓捕过程中投案的；（七）经查实确已准备去投案，或者正在投案途中被有关机关抓获的；（八）经他人规劝或者在他人陪同下投案的；（九）虽未向监察机关投案，但向其所在党组织、单位或者有关负责人员投案，向有关巡视巡察机构投案，以及向公安机关、人民检察院、人民法院投案的；（十）具有其他应当视为自动投案的情形的。被调查人自动投案后不能如实交代自己的主要犯罪事实，或者自动投案并如实供述自己的罪行后又翻供的，不能适用前款规定。

关于“积极配合调查工作，如实供述监察机关还未掌握的违法犯罪行为”的细化规定。《监察法实施条例》第二百一十五条规定，涉嫌职务犯罪的被调查人有下列情形之一的，可以认定为监察法第三十一条（注：修改后的《监察法》第三十四条）第二项规定的积极配合调查工作，如实供述监察机关还未掌握的违法犯罪行为：（一）监察机关所掌握线索针对的犯罪事实不成立，在此范围外被调查人主动交代其他罪行的；（二）主动交代监察机关尚未掌握的犯罪事实，与监察机关已掌握的犯罪事实属不同种罪行的；（三）主动交代监察机关尚未掌握的犯罪事实，与监察机关已掌握的犯罪事实属同种罪行的；（四）监察机关掌握的证据不充分，被调查人如实交代有助于收集定案证据的。前款所称同种罪行和不同种罪行，一般以罪名区分。被调查人如实供述其他罪行的罪名与监察机关已掌握犯罪的罪名不同，但属选择性罪名或者在法律、事实上密切关联的，应当认定为同种罪行。

关于“积极退赃，减少损失”的细化规定。《监察法实施条例》第二百一十六条规定，涉嫌职务犯罪的被调查人有下列情形之一的，可以认定为监察法第三十一条（注：修改后的《监察法》第三十四条）第三项规定的积极退赃，减少损失：（一）全额退赃的；（二）退赃能力不足，但被调查人及其亲友在监察机关追缴赃款赃物过程中积极配合，且大部分已追缴到位的；（三）犯罪后主动采取措施避免损失发生，或者积极采取有效措施减少、挽回大部分损失的。

关于“具有重大立功表现或者案件涉及国家重大利益等情形”的细化规定。《监察法实施条例》第二百一十七条规定：涉嫌职务犯罪的被调查人有下列情形之一的，可以认定为监察法第三十一条（注：修改后的

《监察法》第三十四条）第四项规定的具有重大立功表现：（一）检举揭发他人重大犯罪行为且经查证属实的；（二）提供其他重大案件的重要线索且经查证属实的；（三）阻止他人重大犯罪活动的；（四）协助抓捕其他重大职务犯罪案件被调查人、重大犯罪嫌疑人（包括同案犯）的；（五）为国家挽回重大损失等对国家和社会有其他重大贡献的。前款所称重大犯罪一般是指依法可能被判处无期徒刑以上刑罚的犯罪行为；重大案件一般是指在本省、自治区、直辖市或者全国范围内有较大影响的案件；查证属实一般是指有关案件已被监察机关或者司法机关立案调查、侦查，被调查人、犯罪嫌疑人被监察机关采取留置措施或者被司法机关采取强制措施，或者被告人被人民法院作出有罪判决，并结合案件事实、证据进行判断。监察法第三十一条（注：修改后的《监察法》第三十四条）第四项规定的案件涉及国家重大利益，是指案件涉及国家主权和领土完整、国家安全、外交、社会稳定、经济发展等情形。

二、监察机关对职务违法犯罪的涉案人员提出从宽处罚建议

《监察法》第三十五条规定：“职务违法犯罪的涉案人员揭发有关被调查人职务违法犯罪行为，查证属实

的，或者提供重要线索，有助于调查其他案件的，监察机关经领导人员集体研究，并报上一级监察机关批准，可以在移送人民检察院时提出从宽处罚的建议。”

《监察法实施条例》第二百一十八条对《监察法》第三十五条作出细化规定，涉嫌行贿等犯罪的涉案人员有下列情形之一的，可以认定为监察法第三十二条（注：修改后的《监察法》第三十五条）规定的揭发有关被调查人职务违法犯罪行为，查证属实或者提供重要线索，有助于调查其他案件：（一）揭发所涉案件以外的被调查人职务犯罪行为，经查证属实的；（二）提供的重要线索指向具体的职务犯罪事实，对调查其他案件起到实质性推动作用的；（三）提供的重要线索有助于加快其他案件办理进度，或者对其他案件固定关键证据、挽回损失、追逃追赃等起到积极作用的。

第五章　监察程序

开展监察工作必须坚持实体与程序并重，以程序公正保障实体公正。《监察法》第五章规定了监察程序，对监察机关开展监督、调查、处置工作程序作出明确规定，并在程序中贯穿监察机关、监察人员的工作权限和履职要求。修改后的《监察法》聚焦监察工作程序中的关键点和风险点，构建完善更加规范、严密的监察工作程序，在监察权运行的重要环节充分彰显严格依法履职行权的法治要求。该章共 19 条，包括第三十八条至第五十六条。其中，第三十八条规定了监察机关处理报案、举报，第三十九条规定了监察机关加强监察工作监督管理的总体要求，第四十条规定了问题线索处置程序和要求，第四十一条规定了监察机关进行初步核实，第四十二条规定了监察机关立案的条件和程序，以及立案后的处理，第四十三条规定了监察机关调查取证工作要求，第四十四条规定了监察机关采取调查措施的程序，第四十五条规定了监察人员执行调查方案，第四十六条规定了强制到案、责令候查、管护措施的时限和审批程序，第四十七条规定了留置措施的审批权限，第四十八条规定了留置期限、执行和解除、变更，第四十九条规定了监察机关采取强制到案、责令候查、管护、留置措施可以根据工作需要提请公安机关配合以及留置场所的看护勤务，第五十条规定了管护、留置期间监察机关工作要求和申请变更管护、留置措施及被管护人、被留置人合法权益保障，第五十一条规定了监察机关在调查工作结束后进行全面审理，第五十二条规定了监察机关根据监督、调查结果依法履行处置职责的六种方式，第五十三条规定了监察机关涉案财物的处置，第五十四条规定了检察机关对监察机关移送案件的处理，第五十五条规定了被调查人逃匿、死亡案件违法所得没收程序，第五十六条规定了复审、复核。

第一节　加强监察工作监督管理的总体规定

习近平总书记多次强调，信任不能代替监督，监察委员会监督范围扩大了、权限丰富了，对监察委员会自身的要求必须严之又严、慎之又慎。监察机关作为依法开展国家监察的专责机关，其履行监察职能的过程也是行使公权力的过程。《监察法》贯彻习近平总书记的要求，立足信任不能代替监督、监督是为了支撑信任，与党的纪律检查机关监督执纪工作规则相衔接，针对纪检监察工作中可能发生问题的关键点、风险点，将实践中行之有效的自我监督做法上升为法律规范，规定了严格的内部监督制约制度，有利于防止因权力过于集中而引发的有案不查、以案谋私等问题。

一、监察机关要严格按照程序开展工作，各部门之间建立相互协调制约的工作机制

强化监察机关内控机制，有利于防止因权力过于集中而引发的私存线索、串通包庇、跑风漏气、以案谋私等问题。这是监察机关加强内部监督的必然要求，体现了打铁必须自身硬的精神。监察机关严格按照程序开展工作，是以法治思维和法治方式惩治腐败的必然要求。《监察法》第五章专门规定了监察程序，如对问题线索处置、初步核实、立案调查、采取调查措施等都作了详细规定，是监察机关开展工作的基本遵循。

建立相互协调制约的工作机制，主要有以下几方面工作要求。一是问题线索处置、调查、审理各部门要各司其职，由监察机关领导班子成员分别分管。二是由信访部门归口受理公职人员涉嫌违法犯罪的信访举报，统一接收下一级监察机关和派驻机构报送的信访举报，分类摘要后移送案件监督管理部门。三是案件监督管理部门对问题线索实行集中管理、动态更新、定期汇总核对、全程监控，按程序移送承办部门并进行综合协调和监督管理。四是案件审理部门成立由2人以上组成的审理组，全面审理调查部门移送的案卷材料，在集体审议的基础上，提出审理意见，确保案件事实清楚、证据确凿、定性准确、处理恰当、程序合法、手续完备；对主要事实不清、证据不足或者需要补充完善证据的，退回调查部门重新调查或补充调查。通过建立这样的工作机制，强化案件监督管理部门、审理部门的制约作用，形成部门之间制约制衡的体制机制。

二、设立专门工作部门履行管理协调职能，强化对调查、处置工作全过程的监督管理

实践中，在监察机关内部，一般由案件监督管理部门履行线索管理、监督检查、督促办理、统计分析等管理协调职能。案件监督管理部门和监督检查、调查部门之间要建立相互支持、协调衔接的工作机制。案件监督管理部门要主动履职，对监督检查、调查部门的线索处置、调查情况进行监督检查、跟踪研判，在安全保障、陪护力量协调等方面支持监督检查、调查部门的工作。监督检查、调查部门要将工作进展、线索处置进度以及相关调查数据等情况及时报送案件监督管理部门，便于汇总分析。

第二节　线索处置

问题线索是监督检查、调查的源头和基础，处置反映公职人员涉嫌职务违法犯罪的问题线索，是监察机关开展工作的基础和前提，加强线索处置是一项政治性、政策性很强的基础性工作。

一、监察机关处理报案、举报

《监察法》第三十八条规定：“监察机关对于报案或者举报，应当接受并按照有关规定处理。对于不属于本机关管辖的，应当移送主管机关处理。”

人民群众的报案和举报是监察机关发现和查处职务违法犯罪行为的重要线索来源和渠道，明确监察机关接受报案或者举报的义务，有利于保护人民群众参与反腐败斗争的积极性。

需要说明的是，虽然《监察法》对监察机关管辖监察事项的原则有明确规定，但为了方便人民群众报案、举报，《监察法》第三十八条对单位和个人报案或者举报的监察机关未做限制，即发现公职人员涉嫌职务违法犯罪事实或者线索的单位和个人，可以向任何层级的监察机关报案或者举报。至于具体归哪一个监察机关管辖，由该监察机关收到报案、举报后，再根据法律规定确定。

关于办理公职人员主动投案。《监察法实施条例》第一百七十条规定："对于涉嫌职务违法或者职务犯罪的公职人员主动投案的，应当依法接待和办理。"这里的"主动投案"，主要是指公职人员涉嫌职务违法、职务犯罪问题，以及非公职人员涉嫌行贿犯罪、介绍贿赂犯罪、利用影响力受贿犯罪或者与公职人员共同职务犯罪问题，未被监察机关掌握，或者虽被监察机关掌握，但其本人尚未接受监察机关调查谈话、讯问或者尚未被采取留置措施前，主动向监察机关投案。这里的"主动投案"既包括涉嫌职务违法人员向监察机关投案的情形，也包括《监察法》第三十四条第一项规定的涉嫌职务犯罪人员向监察机关"自动投案"的情形。这里的"依法接待和办理"，其承办主体包括监察机关的信访举报、监督检查、调查等部门。监察机关领导人员也可以接待直接向其主动投案的人员。相关监察机关或者其他机关将主动投案人接管之前，由首先接待的监察机关保障主动投案人的安全。

二、问题线索处置程序和要求

《监察法》第四十条规定："监察机关对监察对象的问题线索，应当按照有关规定提出处置意见，履行审批手续，进行分类办理。线索处置情况应当定期汇总、通报，定期检查、抽查。"

根据该条规定，承办部门收到案件监督管理部门移交的问题线索，应当根据所掌握的情况认真分析研判，提出处置意见。处置意见应当在收到问题线索之日起30日内提出，并制定处置方案，履行审批手续，不得拖延和积压。处置的方式主要包括谈话函询、初步核实、暂存待查、予以了结四种。其中，暂存待查是指线索反映的问题虽具有一定的可查性，但由于时机、现有条件、涉案人一时难以找到等种种原因，暂不具备核查的条件而存放备查；予以了结是指线索反映的问题失实或没有可能开展核查工作而采取的线索处置方式，包括虽有职务违法事实但情节轻微不需追究法律责任，已建议有关单位作出恰当处理的，以及被反映人已去世的等情况。

监察机关应当根据工作需要，定期召开专题会议，听取问题线索综合情况汇报，进行分析研判，对重要检举事项和反映问题集中的领域深入研究，提出处置要求。承办部门应当定期汇总线索处置情况，及时向案件监督管理部门通报，并定期对本部门的问题线索处置情况进行自查。案件监督管理部门要定期汇总、核对、检查、抽查问题线索及处置情况，向本机关相关负责人报告。各部门还应当做好线索处置归档工作，归档材料应当齐全完整，载明领导批示和处置过程。

（一）问题线索管理处置的一般规定

《监察法实施条例》第一百六十八条规定，监察机关应当对问题线索归口受理、集中管理、分类处置、定期清理。

加强和规范问题线索管理、处置是监察机关重要的基础性工作。该条对《监察法》第四十条规定的监察机关问题线索处置要求进行了细化，旨在提高线索管理、处置的科学化、规范化水平。

“归口受理”，是指按照法律法规授予的职权和监察机关内部工作分工，将问题线索由监察机关有关部门专门受理，防止重复受理、多头受理或者无处受理。信访举报、案件监督管理、监督检查、调查等各部门按照分工和责任各司其职，该受理的要依法依规受理，该转送的要及时转送，不该受理的不越位受理。“集中管理”，是指问题线索由监察机关有关部门和人员集中统一管理。按照分工，案件监督管理部门负责对监察机关的问题线索实行集中管理；问题线索承办部门应当指定专人负责管理线索，逐件编号登记、建立管理台账。“分类处置”，是指问题线索由监察机关有关部门按照规定程序，在慎重细致了解、核查、研究的基础上，以不同方式进行处置。按照《监察法实施条例》及相关法律法规的规定，目前分类处置的方式主要有谈话、函询、初步核实、暂存待查、予以了结。“定期清理”，是指监察机关有关部门按程序报批后，定期对由其管理的问题线索进行清查、梳理，适时掌握线索流转和处置情况。

（二）问题线索处置方式

关于监察机关对问题线索的具体处置方式。《监察法实施条例》第一百七十四条第一款规定，监督检查部门应当结合问题线索所涉及地区、部门、单位总体情况进行综合分析，提出处置意见并制定处置方案，经审批按照谈话、函询、初步核实、暂存待查、予以了结等方式进行处置，或者按照职责移送调查部门处置。处置问题线索既是监察机关的重要工作内容，也是充分履行职责的必然要求。实践中，确定具体的问题线索处置方式，可以按以下情况把握：

第一，如果反映的问题属于一般性问题，可以进行谈话、函询。谈话、函询给予被反映人如实说明或澄清问题的机会，目的是让被谈话、函询的公职人员讲清问题，有利于监察机关进行准确研判，及时有效地处置问题线索。监察机关根据谈话、函询的不同情形，可以作出了结反馈，谈话提醒、批评教育、责令检查、诫勉谈话，或者再次谈话、函询、提出初步核实建议等处理。

第二，涉嫌职务违法、职务犯罪问题线索比较具体、具有可查性，需要追究法律责任的，可以采取初步核实方式。

第三，线索反映的问题虽具有一定的可查性，但由于时机、现有条件、涉案人一时难以找到等原因，暂不具备核查条件的，可以采取暂存待查的方式，将问题线索存放备查。对确定暂存待查的线索，一旦条件成熟应立即开展核查工作。

第四，对线索反映的问题失实或者没有可能开展核查工作，以及虽有违法事实但情节显著轻微不需追究法律责任，已建议有关机关作出恰当处理等情况，可以采取予以了结的方式。

关于监察机关函询程序要求的规定。《监察法实施条例》第一百七十四条第二款规定，函询应当以监察机关办公厅（室）名义发函给被反映人，并抄送其所在单位和派驻监察机构主要负责人。被函询人应当在收到函件后十五个工作日以内写出说明材料，由其所在单位主要负责人签署意见后发函回复。被函询人为所在单位主要负责人的，或者被函询人所作说明涉及所在单位主要负责人的，应当直接发函回复监察机关。要求以监察机关办公厅（室）名义发函给被反映人，体现了函询工作的严肃性和规范性。函询抄送被反映人所在单位主要负责人，并由被反映人所在单位主要负责人对被反映人的说明材料签署意见，有助于单位主要负责人全面了解有关情况，认真履行主体责任。主要负责人对本单位公职人员所作的函询说明签署意见时，要进行教育提醒，不能“一签了之”。函询抄送派驻监察机构主要负责人，体现了派出机关与派驻监察机构信息共享、联动监督的要求，有利于派驻监察机构及时了解掌握情况，加强派驻监督工作。被反映人收到函询后，应当于十五个工作日以内如实写出说明材料。如果被函询人为所在单位主要负责人的，或者被函询人所作说明涉及所在单位主要负责人，需要其回避的，应当直接发函回复监察机关。

关于函询退休人员的程序规定。《监察法实施条例》第一百七十四条第三款规定，被函询人已经退休的，按照第二款规定程序办理。公职人员在退休后同样可能因为有问题线索反映而被函询，相关程序按照《监察法实施条例》第一百七十四条第二款规定，也就是按照对在职公职人员的函询程序办理。一般情况下，函询应当抄送其原单位和派驻监察机构主要负责人，并由原单位主要负责人在函询说明材料上签署意见。需要注意的是，对于被函询人退休前是所在单位主要负责人的，按照《监察法实施条例》第一百七十四条第二款的规定，由其直接回复监察机关，不需要由现任主要负责人签署意见。这一规定充分考虑了实践情况，有利于监察工作中具体执行。

关于对谈话、函询情况进行核实的规定。《监察法实施条例》第一百七十四条第四款规定，监察机关根据工作需要，经审批可以对谈话、函询情况进行核实。核实情况有利于提高谈话、函询质量，防止一谈了之、一函了之，对监察对象是一种有效监督和约束。实践中，应当在履行审批手续后，对有关谈话、函询情况进行核实。

（三）实名检举控告处理程序

关于对实名检举控告的界定。《监察法实施条例》第一百七十五条第一款规定，检举控告人使用本人真实姓名或者本单位名称，有电话等具体联系方式的，属于实名检举控告。监察机关对实名检举控告应当优先办理、优先处置，依法给予答复。虽有署名但不是检举控告人真实姓名（单位名称）或者无法验证的检举控告，按照匿名检举控告处理。检举控告人使用本人真实姓名或者本单位名称，有电话等具体联系方式的，属于实名检举控告。虽有署名，但是属于使用虚假姓名，或者冒用他人姓名，或者没有留下具体联系方式的，不属于实名检举控告，按照匿名检举控告处理。监察机关信访举报部门可以通过电话、面谈等方式核实是否属于实名检举控告。

关于对受理实名检举控告进行告知反馈的规定。《监察法实施条例》第一百七十五条第二款规定，信访举报部门对属于本机关受理的实名检举控告，应当在收到检举控告之日起十五个工作日以内按规定告知实名检举控告人受理情况，并做好记录。需要注意的是，按照有关规定，属于重复检举控告的，不再告知。

关于对实名检举控告进行告知反馈。《监察法实施条例》第一百七十五条第三款规定，调查人员应当将实名检举控告的处理结果在办结之日起十五个工作日以内向检举控告人反馈，并记录反馈情况。对检举控告人提出异议的应当如实记录，并向其进行说明；对提供新证据材料的，应当依法核查处理。监察机关承办实名检举控告事项的调查人员，应当将实名检举控告的处理结果在办结之日起十五个工作日以内向检举控告人反馈，并记录反馈情况。对检举控告人提出异议的应当如实记录，并耐心向其进行说明，做好答疑解惑。对提供新证据材料的，承办部门应当依法核查处理。这里所称的“提供新证据材料”，是指在前期检举控告过程中检举控告人未提供，且监察机关在调查过程中未能收集到的证据材料。需要注意的是，办理实名检举控告要严格落实保密要求。对检举控告人的姓名（单位名称）、工作单位、住址等有关情况以及检举控告内容必须严格保密，严禁将检举控告材料、检举控告人信息转给或者告知被检举控告的组织、人员。受理检举控告或者开展核查工作，应当在不暴露检举控告人身份的情况下进行。

第三节 初步核实

初步核实，是指监察机关对受理和发现的反映监察对象涉嫌违法犯罪的问题线索，进行初步了解、核实的活动。初步核实是监察机关调查工作的重要环节，初步核实过程中所查明的有无违法犯罪事实情况，以及所收集到的证据材料，是是否立案调查的重要依据，为案件调查工作奠定一定的基础。

一、初步核实概述

《监察法》第四十一条规定："需要采取初步核实方式处置问题线索的，监察机关应当依法履行审批程序，成立核查组。初步核实工作结束后，核查组应当撰写初步核实情况报告，提出处理建议。承办部门应当提出分类处理意见。初步核实情况报告和分类处理意见报监察机关主要负责人审批。"

监察机关采取初步核实方式处置问题线索，履行审批程序，一般应当报监察机关相关负责人审批。经批准后，承办部门应当制定工作方案，成立核查组。初步核实方案一般包括初步核实的依据，核查组人员组成，需要核实的问题，初步核实的方法、步骤、时间、范围和程序等，以及应当注意的事项。核查组的人数可根据所反映主要问题的范围和性质来确定，最少不少于 2 人，对案情复杂、性质严重、工作量大的，可以适当增配人员。初步核实方案应当报承办部门主要负责人和监察机关分管负责人审批。

初步核实阶段的主要任务是了解核实所反映的主要问题是否存在，以及是否需要给予所涉及的监察对象政务处分。在初步核实工作中，核查组要突出重点，抓住主要问题收集证据、查清事实，也要注意保密，尽量缩小影响。核查组经批准可采取必要措施收集证据，比如与相关人员谈话了解情况，要求相关组织作出说明，调取个人有关事项报告，查阅复制文件、账目、档案等资料，查核资产情况和有关信息，进行鉴定勘验等。如需要采取技术调查或者限制出境等措施的，监察机关应当严格履行审批手续，交有关机关执行。

初步核实工作结束后，核查组应当撰写初步核实情况报告，列明被核查人基本情况、反映的主要问题、办理依据及初步核实结果、存在疑点、处理建议，由核查组全体人员签名备查。承办部门应当综合分析初步核实情况，按照拟立案调查、予以了结、谈话提醒、暂存待查，或者移送有关部门、机关处理等方式提出处置建议。初步核实情况报告和处置建议报监察机关主要负责人审批，必要时向同级党委（党组）主要负责人报告。

二、初步核实工作准备工作和基本要求

《监察法实施条例》第一百七十七条规定，采取初步核实方式处置问题线索，应当确定初步核实对象，制定工作方案，明确需要核实的问题和采取的措施，成立核查组。在初步核实中应当注重收集客观性证据，确保真实性和准确性。

采取初步核实方式处置问题线索的主要准备工作包括以下三项：一是按规定报批后确定初步核实对象。二是制定工作方案。一般包括初步核实的依据，核查组人员组成，需要核实的问题，初步核实的方法、步骤、时间、范围、措施手段，以及应当注意的事项等内容。三是成立核查组，选配好人员。核查组人数可根据所反映主要问题的范围和性质来确定，但不得少于2人。对案情复杂、性质严重、工作量大的，可以适当增配人员。

三、在初步核实中发现新线索的处置

《监察法实施条例》第一百七十八条规定，在初步核实中发现或者受理被核查人新的具有可查性的问题线索的，应当经审批纳入原初核方案开展核查。

监察机关在对职务违法和职务犯罪问题线索开展初步核实工作中，可能会遇到新的具有可查性的问题线索，有必要对工作程序予以统一规范。实践中，监察机关在报批开展初步核实时，对初步核实工作方案一并报

批。考虑到审批程序的严肃性及工作效率，对于发现新的具有可查性问题线索的，监察机关既不宜自行修改原初步核实方案，也没有必要重新制作初步核实方案再次报批。同时，问题线索只是初步核实工作方案的部分内容，对于新问题线索一般可以在初步核实工作方案确定的初步核实方法、步骤、时间、措施手段等框架内开展核查。

四、对于初步核实结束后的报告、处置

《监察法实施条例》第一百七十九条规定，核查组在初步核实工作结束后应当撰写初步核实情况报告，列明被核查人基本情况、反映的主要问题、办理依据、初步核实结果、存在疑点、处理建议，由全体人员签名。承办部门应当综合分析初步核实情况，按照拟立案调查、予以了结、谈话提醒、暂存待查，或者移送有关部门、机关处理等方式提出处置建议，按照批准初步核实的程序报批。

初步核实情况报告的内容包括被核查人基本情况、反映的主要问题、办理依据以及初步核实结果、存在疑点和处理建议。

初步核实的承办部门一般是调查、监督检查或者干部监督等部门，核查组在承办部门直接领导下工作。承办部门应当在核查组形成的报告基础上，进一步对初步核实情况进行综合分析，经过集体研究后提出处置建

议，形成情况报告按程序报批。处置建议一般包括：对于已经掌握被核查人涉嫌职务违法或者职务犯罪的部分事实和证据，认为需要追究法律责任的，建议立案调查；对于问题不属实或者没有证据证明存在问题的，建议予以了结；对于问题轻微，不需要追究法律责任，但需要对本人谈话提醒的，建议谈话提醒；对于尚不能完全排除问题存在的可能性，在现有条件下难以进一步开展工作的，建议暂存待查；发现被核查人存在一定职务违法问题但不需要给予政务处分的，可以视情况建议移送有关部门、机关给予相应处理。此外，根据《监察法》第五十二条规定，还可以建议批评教育、责令检查或者予以诫勉等。

第四节　立　　案

立案是监察机关经过初步核实，掌握监察对象涉嫌职务违法、职务犯罪的部分事实和证据，需要追究法律责任，按照规定的权限办理立案手续的活动。立案是监察机关调查职务违法、职务犯罪的重要环节，必须严格依法进行。

一、立案的条件、程序及立案后的处理

《监察法》第四十二条第一款规定：“经过初步核

实，对监察对象涉嫌职务违法犯罪，需要追究法律责任的，监察机关应当按照规定的权限和程序办理立案手续。”第二款规定：“监察机关主要负责人依法批准立案后，应当主持召开专题会议，研究确定调查方案，决定需要采取的调查措施。”第三款规定：“立案调查决定应当向被调查人宣布，并通报相关组织。涉嫌严重职务违法或者职务犯罪的，应当通知被调查人家属，并向社会公开发布。”

根据规定，立案应当符合三个条件：

一是存在职务违法或者职务犯罪的事实。监察机关立案所需的职务违法或者职务犯罪的事实，仅指初步确认的部分职务违法或者职务犯罪的事实，而不是全部职务违法或者职务犯罪的事实，全部事实要到调查阶段结束之后才能得以查清，而且还要经过审理之后才能认定。

二是需要追究法律责任。有职务违法或者职务犯罪的事实，只是立案的必备条件之一，但并不是所有职务违法或者职务犯罪的事实都需要立案查处，能否立案还要看是否需要追究法律责任，如情节显著轻微不需要追究法律责任的，就不需要立案。是否需要追究法律责任，要根据有关法律法规的规定来确认。

三是按照规定的权限和程序办理立案手续。这里讲的“规定的权限和程序”，主要是指《监督执纪工作规则》第三十八条的规定，即对符合立案条件的，承办部门应当起草立案审查调查呈批报告，经纪检监察机关主要负责人审批，报同级党委主要负责人批准，予以立案审查调查。有关负责人应当严格审核把关，认为符合立案条件的，批准立案；认为不符合立案条件的，不批准立案，由监察机关作出其他处理；认为需要对某些问题作进一步了解的，退回立案报告，由承办部门作进一步了解。

需要注意的是，立案应当同时具备以上三个条件。其中，前两个条件是立案时必须同时具备的实体性条件，第三个条件是立案的程序性条件。在办理案件时，要特别注意遵守程序规定，没有经过批准，禁止私自立案调查。

关于立案后调查方案的确定。监察机关主要负责人应当主持召开专题会议，根据被调查人情况、案件性质和复杂程度等，集体研究确定调查方案。一般来说，调查方案的内容应包括：应当查明的问题和线索，调查步骤、方法，调查过程中需要采取哪些措施，预计完成任务的时间，以及应当注意事项等。调查方案一经确定，案件调查人员应当严格遵照执行，不得擅自更改方案内容，遇有重大突发情况需要更改调查方案的，应当报批准该方案的监察机关主要负责人批准。

关于立案后通知有关单位和人员。立案调查决定应当向被调查人宣布，并通报被调查人所在单位等相关组织，这既是保障他们的知情权，也是要求他们积极配合调查。被调查人涉嫌严重职务违法或者职务犯罪的，还应当通知其家属，并向社会公开发布。

二、特殊立案制度

《监察法实施条例》第一百八十一条规定，监察机关立案调查职务违法或者职务犯罪案件，需要对涉嫌行贿犯罪、介绍贿赂犯罪或者共同职务犯罪的涉案人员立案调查的，应当一并办理立案手续。需要交由下级监察机关立案的，经审批交由下级监察机关办理立案手续。对单位涉嫌受贿、行贿等职务犯罪，需要追究法律责任的，依法对该单位办理立案调查手续。对事故（事件）中存在职务违法或者职务犯罪问题，需要追究法律责任，但相关责任人员尚不明确的，可以以事立案。对单位立案或者以事立案后，经调查确定相关责任人员的，按照管理权限报批确定被调查人。监察机关根据人民法院生效刑事判决、裁定和人民检察院不起诉决定认定的事实，需要对监察对象给予政务处分的，可以由相关监督检查部门依据司法机关的生效判决、裁定、决定及其认定的事实、性质和情节，提出给予政务处分的意见，按程序移送审理。对依法被追究行政法律责任的监察对象，需要给予政务处分的，应当依法办理立案手续。

关于对立案对象或者案由特殊的立案程序。具体包括五类情况：一是对涉案人员需要立案的，应当与被调查人一并立案；需要交由下级监察机关立案的，经审批交由下级监察机关办理立案手续。二是对单位涉嫌犯罪的，对该单位立案。三是对责任人员尚不明确的事故（事件），可以以事立案。以事立案的，经过调查确定相关责任人员后，应当按照管理权限报批确定被调查人，无须再予立案。四是根据人民法院生效刑事判决、裁定和人民检察院不起诉决定认定的事实，需要给予政务处分的，一般不再立案。五是对依法被追究行政法律责任，需要给予政务处分的，应当立案。

三、立案和移送审理一并报批

《监察法实施条例》第一百八十二条规定，对案情简单、经过初步核实已查清主要职务违法事实，应当追究监察对象法律责任，不再需要开展调查的，立案和移送审理可以一并报批，履行立案程序后再移送审理。

立案和移送审理可以一并报批，是由于在初步核实阶段已经获得确凿的证据，查清了主要违法事实，案件本身即已符合移送审理要求，不需要再进一步开展调查工作。

四、指定管辖

《监察法》第十七条规定，上级监察机关可以将其所管辖的监察事项指定下级监察机关管辖，也可以将下级监察机关有管辖权的监察事项指定给其他监察机关管辖。监察机关认为所管辖的监察事项重大、复杂，需要由上级监察机关管辖的，可以报请上级监察机关管辖。

《监察法实施条例》第一百八十三条规定，上级监察机关需要指定下级监察机关立案调查的，应当按规定报批，向被指定管辖的监察机关出具《指定管辖决定书》，由其办理立案手续。

"指定管辖"，是指根据上级监察机关的指定而确定监察事项的管辖机关。对于原本属于自己所管辖的监察事项，上级监察机关可以将其指定给所辖的下级监察机关管辖。上级监察机关可以将下级监察机关有管辖权的监察事项指定给自己所辖的其他监察机关管辖。一般适用于以下情况：一是地域管辖不明的监察事项。比如，涉嫌职务违法犯罪行为由分属两个或者两个以上行政区域的监察对象共同所为，可以由上级监察机关指定其中一个下级监察机关将有管辖权的监察对象的涉嫌职务违法犯罪行为交由另一个下级监察机关管辖。二是由于各种原因，原来有管辖权的监察机关不适宜或者不能办理某监察事项。

五、立案宣布、通知程序

《监察法实施条例》第一百八十四条规定，批准立案后，应当由二名以上调查人员出示证件，向被调查人宣布立案决定。宣布立案决定后，应当及时向被调查人所在单位等相关组织送达《立案通知书》，并向被调查人所在单位主要负责人通报。对涉嫌严重职务违法或者职务犯罪的公职人员立案调查并采取留置措施的，应当按规定通知被调查人家属，并向社会公开发布。

根据该条规定，批准立案后，立案决定应当向被调查人宣布。宣布立案调查决定的应为二名以上调查人员，宣布时均应当出示证件。宣布立案决定后，向被调查人所在单位等相关组织送达《立案通知书》，并向主要负责人通报。对涉嫌严重职务违法或者职务犯罪的公职人员立案调查并采取留置措施的，还应当按规定通知其家属，并向社会公开发布。规定“采取留置措施的”这一条件，主要是考虑到在公职人员未被采取留置措施的情形下，将有关情况一概通知被调查人家属特别是向社会公布，可能会对被调查人产生更大的思想压力，不利于坚持惩戒与教育相结合的原则，影响调查工作顺利开展。

第五节　调　　查

案件调查是《监察法》赋予监察机关的一项基本职责，是监察工作的重要内容，是构建一体推进不敢腐、不能腐、不想腐体制机制的重要工作，是严肃国法、惩治腐败的有力举措。

一、监察机关采取调查措施的程序性规定

《监察法》第四十四条第一款规定："调查人员采取讯问、询问、强制到案、责令候查、管护、留置、搜查、调取、查封、扣押、勘验检查等调查措施，均应当依照规定出示证件，出具书面通知，由二人以上进行，形成笔录、报告等书面材料，并由相关人员签名、盖章。"第二款规定："调查人员进行讯问以及搜查、查封、扣押等重要取证工作，应当对全过程进行录音录像，留存备查。"

采取调查措施的程序要求，主要有四点：一是依照规定出示证件。二是出具书面通知。监察机关决定采取调查措施时，应当制作书面通知，交由调查人员向相关单位或个人在现场出示，以证明调查人员的行为经过监察机关合法授权。三是由二人以上进行。四是形成笔录、报告等书面材料，并由相关人员签名、盖章。笔录、报告等书面材料是证据的重要载体，有利于保证证据的客观和真实。

调查人员进行讯问以及搜查、查封、扣押等重要取证工作，应当全程录音录像，目的是留存备查，这既是对重要取证工作的规范，也是对调查人员的保护。录音录像应当符合全程的要求，如果不能保证全程录音录像，录制设备的开启和关闭时间完全由调查人员自由掌握，录音录像就不能发挥证明取证工作合法性的作用。

二、执行调查方案

《监察法》第四十五条第一款规定："调查人员应当严格执行调查方案，不得随意扩大调查范围、变更调查对象和事项。"第二款规定："对调查过程中的重要事项，应当集体研究后按程序请示报告。"

需要注意的是，职务违法犯罪行为的复杂性，决定了调查方案不可能面面俱到，对调查方案没有预见，或者调查过程中突发的情况，调查人员按程序请示后，可以根据实际工作需要，对调查方案进行适当的调整，以便查清案件事实；如果情况十分紧急，不及时处理可能会造成严重不利后果，实在来不及按程序请示的，调查人员经集体研究后也可以临机作出处置，但事后应当立即按程序向监察机关领导人员请示报告。

三、强制到案、责令候查、管护措施的时限和审批程序

《监察法》第四十六条第一款规定："采取强制到案、责令候查或者管护措施，应当按照规定的权限和程序，经监察机关主要负责人批准。"第二款规定："强制到案持续的时间不得超过十二小时；需要采取管护或者留置措施的，强制到案持续的时间不得超过二十四小时。不得以连续强制到案的方式变相拘禁被调查人。"第三款规定："责令候查最长不得超过十二个月。"第

四款规定："监察机关采取管护措施的，应当在七日以内依法作出留置或者解除管护的决定，特殊情况下可以延长一日至三日。"

修改后的《监察法》，坚持授权与控权相结合，在依法授予必要的监察强制措施的同时，明确采取新增监察强制措施应当按照规定的权限和程序，经监察机关主要负责人批准，确保相关措施严格规范行使，防止滥用。

监察机关采取强制到案措施时需要注意以下三点：一是准确把握适用对象。强制到案适用于立案后的被调查人，对案件中的证人不能适用此措施。二是准确把握适用情形。强制到案适用于被调查人涉嫌严重职务违法或者职务犯罪的特定情形，如被调查人只是涉嫌非职务违法（如嫖娼等），或者涉嫌违纪但不构成违法（如违规发展党员等）的则不能适用此措施。三是准确把握适用程序。根据工作需要可以提请公安机关配合，且强制到案持续的时间不得超过十二小时；需要采取管护或者留置措施的，持续的时间不得超过二十四小时；不得以连续强制到案的方式变相拘禁被调查人。

四、留置措施的审批权限

《监察法》第四十七条规定："监察机关采取留置措施，应当由监察机关领导人员集体研究决定。设区的市级以下监察机关采取留置措施，应当报上一级监察机关批准。省级监察机关采取留置措施，应当报国家监察委员会备案。”

该条强化了监察机关使用留置措施的程序制约，防止监察机关滥用留置措施。

各级监察机关采取留置措施，都应当经本机关领导人员集体研究决定，不能以个人意志代替集体决策、以少数人意见代替多数人意见。就批准权限而言，市级、县级监察机关决定采取留置措施，还应当报上一级监察机关批准；省级监察机关采取留置措施，还应当报国家监察委员会备案。

实践中应当注意以下三点：一是关于留置审批权限。设区的市级监察机关、县级监察机关采取留置措施，应当报上一级监察机关批准，其中“设区的市级监察机关”包括直辖市以外的设区的市、自治州、地区、盟以及未设区的地级市监察机关；“县级监察机关”是指县、不设区的县级市、区、旗监察机关。省级监察机关采取留置措施，应当报国家监察委员会备案。二是关于留置决策机制。各级监察机关采取留置措施，都应当经本机关领导人员集体研究决定。三是关于留置期限计算。留置期限以月计算，依照《监察法实施条例》第二百八十五条规定，到期月的对应日为期间的最后一日；没有对应日的，月末日为期间的最后一日。

五、留置措施的期限

《监察法》第四十八条第一款规定：“留置时间不得超过三个月。在特殊情况下，可以延长一次，延长时间不得超过三个月。省级以下监察机关采取留置措施的，延长留置时间应当报上一级监察机关批准。监察机关发现采取留置措施不当或者不需要继续采取留置措施的，应当及时解除或者变更为责令候查措施。”第二款规定：“对涉嫌职务犯罪的被调查人可能判处十年有期徒刑以上刑罚，监察机关依照前款规定延长期限届满，仍不能调查终结的，经国家监察委员会批准或者决定，可以再延长二个月。”第三款规定：“省级以上监察机关在调查期间，发现涉嫌职务犯罪的被调查人另有与留置时的罪行不同种的重大职务犯罪或者同种的影响罪名认定、量刑档次的重大职务犯罪，经国家监察委员会批准或者决定，自发现之日起依照本条第一款的规定重新计算留置时间。留置时间重新计算以一次为限。”

修改后的《监察法》在现行留置期限规定的基础上，增加规定经国家监委批准或决定，对可能判处十年有期徒刑以上刑罚的被调查人可以再延长二个月留置期限，省级以上监察机关发现另有重要罪行可以重新计算一次留置期限，以适应监察办案实际，解决重大复杂案件留置期限紧张的问题。同时，严格限定留置期限再延长和重新计算的适用条件、审批层级，切实防止实践中泛化使用。

六、提请公安机关配合和留置场所看护勤务

《监察法》第四十九条第一款规定：“监察机关采取强制到案、责令候查、管护、留置措施，可以根据工作需要提请公安机关配合。公安机关应当依法予以协助。”第二款规定：“省级以下监察机关留置场所的看护勤务由公安机关负责，国家监察委员会留置场所的看护勤务由国家另行规定。留置看护队伍的管理依照国家有关规定执行。”

修改后的《监察法》，明确公安机关负责省级以下监察机关留置场所的看护勤务，对留置看护队伍的管理作出原则规定，将实践做法上升为法律规定，为公安机关开展留置场所的看护勤务工作提供明确、充分的法律依据，有利于加强留置看护规范化、法治化、正规化建设。

一般来说，公安机关协助监察机关执行留置主要有两种情况：一是监察机关对被调查人采取留置措施，将其带至留置场所，可能需要公安机关配合执行，以防止相关单位或个人的阻挠。二是将被调查人留置在特定场所后，也可能需要公安机关派人进行看护，以保证被留置人员的安全，保障留置期间讯问等相关调查工作的顺利进行。

七、管护、留置期间监察机关工作要求，以及被强制到案人员、被管护人员及被留置人员合法权益保障

《监察法》第五十条第一款规定：“采取管护或者留置措施后，应当在二十四小时以内，通知被管护人员、被留置人员所在单位和家属，但有可能伪造、隐匿、毁灭证据，干扰证人作证或者串供等有碍调查情形的除外。有碍调查的情形消失后，应当立即通知被管护人员、被留置人员所在单位和家属。解除管护或者留置的，应当及时通知被管护人员、被留置人员所在单位和家属。”第二款规定：“被管护人员、被留置人员及其近亲属有权申请变更管护、留置措施。监察机关收到申请后，应当在三日以内作出决定；不同意变更措施的，应当告知申请人，并说明不同意的理由。”第三款规定：“监察机关应当保障被强制到案人员、被管护人员以及被留置人员的饮食、休息和安全，提供医疗服务。对其谈话、讯问的，应当合理安排时间和时长，谈话笔录、讯问笔录由被谈话人、被讯问人阅看后签名。”第四款规定：“被管护人员、被留置人员涉嫌犯罪移送司法机关后，被依法判处管制、拘役或者有期徒刑的，管护、留置一日折抵管制二日，折抵拘役、有期徒刑一日。”

规定该条的主要目的是规范管护、留置期间监察机关的调查取证工作，促进管护、留置措施的规范化、法

治化、正规化，保障被强制到案人员、被管护人员、被留置人员的合法权益。

关于采取管护或者留置措施时的通知。监察机关对被调查人采取管护措施的，应当在向被管护人员宣布管护决定时起二十四小时以内，通知被管护人员所在单位和家属。监察机关对被调查人采取留置措施的，应当向被留置人员宣布留置决定时起二十四小时以内，通知被留置人员所在单位和家属。通知是原则，不通知是例外。如通知后可能发生伪造、隐匿、毁灭证据，干扰证人作证或者串供等有碍调查情形的，监察机关可以暂不通知被管护人员、被留置人员所在单位和家属，但有碍调查的情形消失后，应当立即通知被管护人员、被留置人员所在单位和家属。需要指出的是，如被管护人员、被留置人员系自动投案人员的，监察机关均应当在二十四小时以内通知被管护人员、被留置人员家属。

关于有碍调查情形的实践把握。有碍调查情形主要是指监察机关通知被管护人员、被留置人员所在单位和家属后，有可能发生伪造、隐匿、毁灭证据，干扰证人作证或者串供等情形。比如，被管护人员、被留置人员被管护、留置的消息传出去后，可能会引起其他同案犯逃跑、自杀或者伪造、隐匿、毁灭证据；被管护人员、被留置人员的家属与其犯罪有牵连的，通知后其家属可能逃跑或者伪造、隐匿、毁灭证据。

关于解除管护或者留置措施时的通知。解除管护或者留置的，监察机关应当及时通知被管护人员、被留置人员所在单位和家属。

八、《监察法实施条例》对调查工作的具体规定

（一）监察调查总体要求和调查期限

《监察法实施条例》第一百八十五条规定，监察机关对已经立案的职务违法或者职务犯罪案件应当依法进行调查，收集证据查明违法犯罪事实。调查职务违法或者职务犯罪案件，对被调查人没有采取留置措施的，应当在立案后一年以内作出处理决定；对被调查人解除留置措施的，应当在解除留置措施后一年以内作出处理决定。案情重大复杂的案件，经上一级监察机关批准，可以适当延长，但延长期限不得超过六个月。被调查人在监察机关立案调查以后逃匿的，调查期限自被调查人到案之日起重新计算。

《监察法》第四十三条第一款规定，监察机关对职务违法和职务犯罪案件，应当进行调查，收集被调查人有无违法犯罪以及情节轻重的证据，查明违法犯罪事实，形成相互印证、完整稳定的证据链。《监察法实施条例》在此基础上进一步强化相关要求，明确对被调查人没有采取留置措施的案件，监察机关应当在立案后一年以内作出处理决定；对被调查人解除留置措施的，

应当在解除留置措施后一年以内作出处理决定。此外，考虑到实践工作情况，规定案情重大复杂的案件，可以适当延长，但必须报经上一级监察机关批准，且延长期限不得超过六个月。

（二）批准和执行调查方案

《监察法实施条例》第一百八十六条规定，案件立案后，监察机关主要负责人应当依照法定程序批准确定调查方案。监察机关应当组成调查组依法开展调查。调查工作应当严格按照批准的方案执行，不得随意扩大调查范围、变更调查对象和事项，对重要事项应当及时请示报告。调查人员在调查工作期间，未经批准不得单独接触任何涉案人员及其特定关系人，不得擅自采取调查措施。

根据该条规定，案件立案后，调查方案应当由监察机关主要负责人依照法定程序批准确定。调查方案一般包括调查对象及重要涉案人员情况，立案依据，初步查明的问题和需要调查的主要问题，调查方式、步骤，拟采取的调查措施以及重点措施（如留置）的实施安排，工作要求和纪律等。监察机关作出立案决定后，经监察机关相关负责人批准，应当成立调查组，明确组长和调查组成员及组内分工。调查人员在开展调查过程中，应当严格根据调查方案确定的调查范围、对象和事项开展工作。调查人员对调查过程中的重要事项，应当集体研究后按程序请示报告。需要注意的是，职务违法犯罪行为的复杂性决定了调查方案不可能面面俱到，对方案中没有预见的新情况，调查人员按程序请示后，可以根据实际工作需要进行适当调整，以便更好地开展调查工作、查清案件事实。

（三）涉嫌违法犯罪事实材料与被调查人见面

《监察法实施条例》第一百八十七条规定，调查组应当将调查认定的涉嫌违法犯罪事实形成书面材料，交给被调查人核对，听取其意见。被调查人应当在书面材料上签署意见。对被调查人签署不同意见或者拒不签署意见的，调查组应当作出说明或者注明情况。对被调查人提出申辩的事实、理由和证据应当进行核实，成立的予以采纳。调查组对于立案调查的涉嫌行贿犯罪、介绍贿赂犯罪或者共同职务犯罪的涉案人员，在查明其涉嫌犯罪问题后，依照前款规定办理。对于按照本条例规定，对立案和移送审理一并报批的案件，应当在报批前履行本条第一款规定的程序。

该条落实《监察法》有关原则和《政务处分法》相关规定，结合监察工作实践，进一步完善了涉嫌违法犯罪事实材料见面程序。

将调查认定的涉嫌违法犯罪事实形成书面材料，交给被调查人核对，一个重要作用就是听取其意见，保证调查取证工作实事求是、全面公正地进行。调查人员不能强迫被调查人承认涉嫌违法犯罪事实，对其提出申辩的事实、理由和证据应当进行核实，记录在案，成立的予以采纳。如果监察机关对被调查人陈述的事实、理由和证据已经了解掌握，或者根据已经掌握的情况，认定其申辩明显不合理、不成立的，不需要再进行核实。对于确属坚持错误意见和无理要求的人，应当进行思想教育。

立案和移送审理一并报批的案件，应当在报批前履行违法犯罪事实材料见面程序，也就是说在立案前履行见面程序。这与一般程序中的事实材料见面时间，即立案后、移送审理前有明显区别。

（四）《起诉建议书》和到案经过、量刑情节材料

《监察法实施条例》第一百八十九条规定，调查组对被调查人涉嫌职务犯罪拟依法移送人民检察院审查起诉的，应当起草《起诉建议书》。《起诉建议书》应当载明被调查人基本情况，调查简况，认罪认罚情况，采取留置措施的时间，涉嫌职务犯罪事实以及证据，对被调查人从重、从轻、减轻或者免除处罚等情节，提出对被调查人移送起诉的理由和法律依据，采取强制措施的建议，并注明移送案卷数及涉案财物等内容。调查组应当形成被调查人到案经过及量刑情节方面的材料，包括案件来源、到案经过，自动投案、如实供述、立功等量刑情节，认罪悔罪态度、退赃、避免和减少损害结果发

生等方面的情况说明及相关材料。被检举揭发的问题已被立案、查破，被检举揭发人已被采取调查措施或者刑事强制措施、起诉或者审判的，还应当附有关法律文书。

对于《起诉建议书》，实践中需要重点把握以下四个方面内容：一是认罪认罚情况。为保障被调查人权益，做好后续工作，调查组应当在《起诉建议书》中载明被调查人认罪认罚的情况。二是采取留置措施的时间。需要在《起诉建议书》中载明采取留置措施的日期以及延长留置时间的有关情况，以便于司法机关计算被调查人的实际执行刑期。三是采取强制措施的建议。应当根据有关情况在《起诉建议书》中提出采取强制措施的建议，以便案件审理部门在移送起诉时与人民检察院及时沟通，确保办案安全。四是涉案财物情况。为便于案件审理部门和人民检察院审查涉案财物是否追缴到位，应当在《起诉建议书》中对涉案财物追缴情况作出表述。

到案经过及量刑情节材料内容应当做到客观真实，详细说明具体情况。比如，被调查人是自动投案还是被动归案，接触被调查人之前是否已经掌握其职务犯罪线索、掌握何种线索；被调查人是否如实供述犯罪事实，供述何种犯罪事实，是监察机关已经掌握的犯罪事实还是不掌握的犯罪事实，以及各自的具体事实和涉案金额；退赃退赔的数额、主动程度，对损害结果所能弥补的程度；等等。到案经过及相关量刑情节应当以证据为支撑，由有关笔录、书证等证据予以印证。比如，根据被调查人供述而缴获赃款赃物的，要有讯问笔录及搜查、扣押中发现的有关物品等进行佐证。

（五）移送审理程序

《监察法实施条例》第一百九十条规定，经调查认为被调查人构成职务违法或者职务犯罪的，应当区分不同情况提出相应处理意见，经审批将调查报告、职务违法或者职务犯罪事实材料、涉案财物报告、涉案人员处理意见等材料，连同全部证据和文书手续移送审理。对涉嫌职务犯罪的案件材料应当按照刑事诉讼要求单独立卷，与《起诉建议书》、涉案财物报告、同步录音录像资料及其自查报告等材料一并移送审理。调查全过程形成的材料应当案结卷成、事毕归档。

根据该条规定，移送审理“应当区分不同情况提出相应处理意见”。处理意见的种类主要包括两大类：一是政务处分，包括警告、记过、记大过、降级、撤职、开除；二是建议移送起诉，对于经调查，被调查人涉嫌职务犯罪事实清楚、证据确实充分，需要追究刑事责任的，应当建议将被调查人移送司法机关审查起诉，追究刑事责任。此外，处理意见还包括对被调查人从重、从轻或者减轻处理的意见，以及对涉案人员和涉案款物等的处理意见。

移送审理的材料包括调查报告、职务违法或者职务犯罪事实材料、涉案财物报告、涉案人员处理意见等材料，以及全部证据和文书手续。涉案财物报告应写明涉案财物的数量、价值、保管等情况，提出对涉案财物的处理意见，并附涉案财物清单。

在移送审理的材料中，对涉嫌职务犯罪的案件材料应当按照刑事诉讼要求单独立卷。单独立卷的被调查人涉嫌职务犯罪案件卷宗材料应当包括法律文书、手续和证据材料，并按照涉嫌的犯罪罪名和不同事实分别进行组卷，具体分为三种材料：一是证据材料，包括主体身份材料，被调查人供述和辩解，证人证言，物证，书证，视听资料，电子数据，鉴定意见，勘验检查、搜查笔录等；二是法律手续和文书，包括立案决定书，留置决定书、留置通知书，查封、扣押、限制出境等相关文书；三是被调查人到案经过和量刑情节等材料。

调查全过程形成的材料应当按照要求立卷归档。“案结卷成”，主要是指应当将归档工作贯穿调查工作全过程，在调查中同步分类、整理归档材料，在调查结束时相关材料也同时分类立卷完毕，而不是在调查工作结束前甚至结束后突击进行归档。“事毕归档”，主要是指监察调查工作完毕后，应当及时将相关材料按规范要求整理归档。

第六节 审 理

案件审理工作既是调查工作的延续，也是对调查工作审核把关的重要环节，是监察工作中一项重要的经常性工作。《监察法》第五十一条规定：“监察机关在调查工作结束后，应当依法对案件事实和证据、性质认定、程序手续、涉案财物等进行全面审理，形成审理报告，提请集体审议。”这是修改后的《监察法》增加的一条规定，明确了审理程序的法律地位，充分发挥审理对调查的审核把关作用。

一、受理移送审理案件

《监察法实施条例》第一百九十一条规定，案件审理部门收到移送审理的案件后，应当审核材料是否齐全、手续是否完备。对被调查人涉嫌职务犯罪的，还应当审核相关案卷材料是否符合职务犯罪案件立卷要求，是否在调查报告中单独表述已查明的涉嫌犯罪问题，是否形成《起诉建议书》。经审核符合移送条件的，应当予以受理；不符合移送条件的，经审批可以暂缓受理或者不予受理，并要求调查部门补充完善材料。

根据该条规定，案件审理部门收到调查部门移送审理的案件后，应当按照有关规定和要求进行形式审核。

审核内容主要包括移送审理的请示以及《监察法实施条例》第一百九十条规定的有关材料。案件审理部门经审核符合移送条件的，应当起草正式受理请示，报批后予以登记受理；不符合受理条件的，按规定程序报批后可暂缓受理或者不予受理，并要求调查部门补充完善材料。“暂缓受理”是指虽不予以登记受理，但案件审理部门将移送审理的材料先行接收，调查部门按要求补充完善材料后，审理部门再进行审核、受理；“不予受理”是指案件审理部门不予登记受理，并且将移送审理的材料退回调查部门，由其进行补充完善，再重新将全部材料移送审理。调查部门应当认真听取案件审理部门的意见，做好沟通协调，按要求及时补充完善材料。

二、审理审核

《监察法实施条例》第一百九十二条规定，案件审理部门受理案件后，应当成立由二人以上组成的审理组，全面审理案卷材料。案件审理部门对于受理的案件，应当以监察法、政务处分法、刑法、《中华人民共和国刑事诉讼法》等法律法规为准绳，对案件事实证据、性质认定、程序手续、涉案财物等进行全面审理。案件审理部门应当强化监督制约职能，对案件严格审核把关，坚持实事求是、独立审理，依法提出审理意见。坚持调查与审理相分离的原则，案件调查人员不得参与审理。

对案件事实证据的审理要注意以下八点：一是调查收集证据的方法、过程是否符合法律规定，非法收集的证据是否予以排除。二是证据是否客观真实，符合有关形式要件，与待证事实具有关联。三是各证据之间是否能够相互印证，是否存在无法排除的矛盾。四是违法犯罪的构成要件是否均有相应的证据证明，并达到法定证据标准。五是被调查人身份事实是否查清，特别是具有党代表大会代表、人大代表、政协委员等身份的，应当一并审查核实。六是被调查人实施违法犯罪的时间、地点、手段、过程、后果等事实是否已经查清。七是案件涉及多人的，各相关责任人员的责任是否已经分清。八是从重、从轻、减轻处罚等情节，以及漏罪漏错、免除追究法律责任等情况是否已经查清。

对案件性质认定的审理要注意以下四点：一是违法犯罪的构成要件是否全部具备，认定违法犯罪类型和适用法律是否准确。二是对违法人员的处理与其违法的性质、应负的法律责任是否相适应，给予的政务处分和提出从宽处罚建议是否恰当。三是调查处理意见是否符合党和国家有关方针政策，适用“四种形态”是否准确。四是提出的处置意见是否全面，有无遗漏，对涉案人员的处理是否符合法律规定等。

对程序手续的审理要注意以下四点：一是调查工作

是否严格依据法律规定的程序进行，有无违反程序或者缺省法定程序。二是受理检举控告、初步核实、立案、采取调查措施、违法犯罪事实材料和本人见面、形成调查报告、移送审理等手续是否齐全，是否符合规定的适用条件、范围、期限、权限要求，法律文书是否完备、填写是否准确。三是调取证据和查封、扣押财物、文件等，是否与清单、笔录相符。四是相关联的法律文书、手续是否存在相互矛盾等。

对涉案财物的审理要注意以下四点：一是作为案件证据的涉案财物是否为原物、原件，照片、录像等是否与原件相符。二是涉案财物是否依法经过辨认、鉴定或者价格认定，是否与案件有关联及何种关联。三是涉案财物的调取、查封、扣押、冻结等程序、方式是否合法，实物是否与清单相符。四是涉案财物是否足额追缴，是否存在需要返还的与案件无关财物，涉案财物的处置意见是否合法、恰当等。

三、审理时限

《监察法实施条例》第一百九十四条规定，审理工作应当在受理之日起一个月以内完成，重大复杂案件经批准可以适当延长。

审理工作既要坚持实事求是的原则，客观公正审核涉嫌违法犯罪案件，又要在保证案件质量的前提下提高效率，严格遵守时限规定。根据该条规定，案件审理工作应当在受理之日起一个月以内完成。这一规定有两层含义：一是监察机关应当充分保障案件审理部门的审理时限。二是案件审理部门应当讲求工作方法，加强与调查部门沟通，提高工作效率，在受理之日起一个月以内完成审理工作。

四、审理谈话

《监察法实施条例》第一百九十五条规定，案件审理部门根据案件审理情况，经审批可以与被调查人谈话，告知其在审理阶段的权利义务，核对涉嫌违法犯罪事实，听取其辩解意见，了解有关情况。与被调查人谈话时，案件审理人员不得少于二人。具有下列情形之一的，一般应当与被调查人谈话：（一）对被调查人采取留置措施，拟移送起诉的；（二）可能存在以非法方法收集证据情形的；（三）被调查人对涉嫌违法犯罪事实材料签署不同意见或者拒不签署意见的；（四）被调查人要求向案件审理人员当面陈述的；（五）其他有必要与被调查人进行谈话的情形。

审理谈话的内容主要包括以下四项：一是告知被调查人在审理阶段的权利义务。被调查人在审理阶段享有的权利，一般包括陈述和申辩、依法申请审理人员回避、了解与案件处理有关的法律法规、检举控告违法犯罪行为、提出申诉等。同时，被调查人应当履行配合谈话、实事求是陈述案件事实、对谈话笔录核对签字等义务。告知被调查人相关权利义务的，应当在谈话笔录中予以记录。二是与被调查人就其涉嫌职务违法、职务犯罪事实进行核对，听取其对于案件事实、定性等的辩解意见。三是就办案程序是否合法规范，调查人员在案件调查中有无违法行为向被调查人了解情况。四是有针对性地对被调查人进行思想政治教育和法治教育。

“其他有必要与被调查人进行谈话的情形”，包括上级监察机关交办案件、重大复杂敏感案件，以及被调查人态度前后反复，或者有问题需要与其当面核实的。

五、退回调查部门重新调查和补充调查

《监察法实施条例》第一百九十六条规定，经审理认为主要违法犯罪事实不清、证据不足的，应当经审批将案件退回承办部门重新调查。有下列情形之一，需要补充完善证据的，经审批可以退回补充调查：（一）部分事实不清、证据不足的；（二）遗漏违法犯罪事实的；（三）其他需要进一步查清案件事实的情形。案件审理部门将案件退回重新调查或者补充调查的，应当出具审核意见，写明调查事项、理由、调查方向、需要补充收集的证据及其证明作用等，连同案卷材料一并送交承办部门。承办部门补充调查结束后，应当经审批将补证情况报告及相关证据材料，连同案卷材料一并移送案件审理部门；对确实无法查明的事项或者无法补充的证据，应当作出书面说明。重新调查终结后，应当重新形

成调查报告，依法移送审理。重新调查完毕移送审理的，审理期限重新计算。补充调查期间不计入审理期限。

“重新调查”，适用于主要违法犯罪事实不清、证据不足的情况。主要违法犯罪事实不清、证据不足，是指经审理认为，在移送审理的案件中占主要部分的违法犯罪事实达不到法定证据标准，无法认定被调查人构成违法犯罪。

“补充调查”不同于重新调查，是在现有工作成果基础上开展补充完善证据的活动。退回补充调查适用于以下三种情形：一是部分事实不清、证据不足的。被调查人涉嫌的部分违法犯罪事实不清、证据不足，但尚未达到影响全案认定的程度，可以通过补充调查对证据体系予以完善。二是遗漏违法犯罪事实的，即发现被调查人有调查报告所认定的涉嫌违法犯罪事实之外的其他违法犯罪事实，需要进一步查证。三是其他需要进一步查清案件事实的情形，适用于实践中可能出现的其他需要进一步查清案件事实的情形。

承办部门补充调查结束后，应当经审批将补证情况报告及相关证据材料，连同案卷材料一并移送案件审理部门；对确实无法查明的事项或者无法补充的证据，应当作出书面说明。与补充调查结束后不同的是，重新调查终结后，应当重新形成调查报告，依法移送审理。

重新调查完毕移送审理的，审理期限应当重新计算。补充调查的，在时限上可以视为审理工作的中止，补查的期间不计入审理期限。需要注意的是，重新调查、补充调查对于审理期限的影响只是监察机关内部的工作期限配置，不能以此为由突破法定办案期限和被调查人的法定留置期限。

六、审理文书和提出撤销案件建议

《监察法实施条例》第一百九十七条规定，审理工作结束后应当形成审理报告，载明被调查人基本情况、调查简况、涉嫌违法或者犯罪事实、被调查人态度和认识、涉案财物处置、承办部门意见、审理意见等内容，提请监察机关集体审议。对被调查人涉嫌职务犯罪需要追究刑事责任的，应当形成《起诉意见书》，作为审理报告附件。《起诉意见书》应当忠实于事实真象，载明被调查人基本情况，调查简况，采取留置措施的时间，依法查明的犯罪事实和证据，从重、从轻、减轻或者免除处罚等情节，涉案财物情况，涉嫌罪名和法律依据，采取强制措施的建议，以及其他需要说明的情况。案件审理部门经审理认为现有证据不足以证明被调查人存在违法犯罪行为，且通过退回补充调查仍无法达到证明标准的，应当提出撤销案件的建议。

该条规定的审理报告相关内容的基本要求，与

《监察法实施条例》第一百八十八条规定的调查报告具有一致性，但并不是调查报告的翻版，而是应当根据审理后认定的事实、情况进行制作，准确反映涉嫌违法犯罪行为的本质和特点，全面精准提出处理意见，为监察机关集体审议起到审核把关作用。对于存在涉嫌犯罪问题的案件审理报告，在主要违法犯罪事实部分，应当将涉嫌违法和涉嫌犯罪问题分类表述。对涉嫌犯罪问题，需要依法追究刑事责任的，应当提出移送审查起诉的意见。

对《起诉意见书》相关内容的基本要求与《监察法实施条例》第一百八十九条规定的《起诉建议书》具有一致性，但同样不能对《起诉建议书》进行简单复制，而是应当根据审理后认定的事实、形成的意见进行制作，并符合衔接刑事诉讼的特点和要求。

对于建议撤销案件，在审理阶段，案件审理部门经审理认为现有证据不足以证明被调查人存在违法犯罪行为，且通过退回补充调查仍无法达到证明标准的，属于《监察法》规定的“没有证据证明被调查人存在违法犯罪行为”的情形，应当充分发挥审核把关作用，提出撤销案件的建议。

第七节 处 置

处置是《监察法》赋予监察机关的重要职责。规范监察机关的处置工作，既保证监察机关依法履行处置职责，也防止监察机关滥用处置权限。

一、监察机关履行处置职责的方式

《监察法》第五十二条第一款规定："监察机关根据监督、调查结果，依法作出如下处置：（一）对有职务违法行为但情节较轻的公职人员，按照管理权限，直接或者委托有关机关、人员，进行谈话提醒、批评教育、责令检查，或者予以诫勉；（二）对违法的公职人员依照法定程序作出警告、记过、记大过、降级、撤职、开除等政务处分决定；（三）对不履行或者不正确履行职责负有责任的领导人员，按照管理权限对其直接作出问责决定，或者向有权作出问责决定的机关提出问责建议；（四）对涉嫌职务犯罪的，监察机关经调查认为犯罪事实清楚，证据确实、充分的，制作起诉意见书，连同案卷材料、证据一并移送人民检察院依法审查、提起公诉；（五）对监察对象所在单位廉政建设和履行职责存在的问题等提出监察建议。"第二款规定：

“监察机关经调查，对没有证据证明被调查人存在违法犯罪行为的，应当撤销案件，并通知被调查人所在单位。”

《监察法实施条例》第二百条规定，监察机关根据监督、调查结果，依据监察法、政务处分法等规定进行处置。

综合《监察法》《政务处分法》有关规定，监察机关根据监督、调查结果，可以进行以下处置：一是对有职务违法行为但情节较轻的公职人员谈话提醒、批评教育、责令检查，或者予以诫勉；二是对违法的公职人员依法作出政务处分决定；三是对不履行或者不正确履行职责负有责任的领导人员进行问责；四是对涉嫌职务犯罪的被调查人，移送人民检察院审查起诉；五是对公职人员依法由其他机关管辖的涉嫌违法犯罪问题，移送主管机关处理；六是对监察对象所在单位廉政建设和履行职责存在的问题等提出监察建议；七是对经调查没有证据证明被调查人存在违法犯罪行为的，依法撤销案件；八是对违法犯罪取得的财物及孳息，依法予以处理。

（一）对有职务违法行为但情节较轻的公职人员的处置

《监察法实施条例》第二百零一条规定，监察机关对于公职人员有职务违法行为但情节较轻的，可以依法进行谈话提醒、批评教育、责令检查，或者予以诫勉。

上述方式可以单独使用，也可以依据规定合并使用。谈话提醒、批评教育应当由监察机关相关负责人或者承办部门负责人进行，可以由被谈话提醒、批评教育人所在单位有关负责人陪同；经批准也可以委托其所在单位主要负责人进行。对谈话提醒、批评教育情况应当制作记录。被责令检查的公职人员应当作出书面检查并进行整改。整改情况在一定范围内通报。诫勉由监察机关以谈话或者书面方式进行。以谈话方式进行的，应当制作记录。

该条进一步细化了《监察法》第五十二条第一款第一项规定，明确了监察机关开展谈话提醒、批评教育、责令检查和诫勉的工作程序，体现了严管和厚爱结合，激励和约束并重，惩治极少数、教育大多数的要求。

对于谈话提醒、批评教育、责令检查、诫勉四种处置方式，需重点把握两个方面内容：一是监察机关根据监督或者调查结果，均可以对有职务违法行为但情节较轻的公职人员作出“第一种形态”处置。二是上述处置方式可以单独使用，也可以依据规定合并使用。一般来讲，如果采取一种处置方式就可以达到目的，就没有必要采取两种以上处置方式；如果采取了较为严厉的方式，就没有必要再给予较轻的处置。

为促进执纪执法贯通，《监察法实施条例》根据

《监察法》有关诫勉的规定，充分吸收《中国共产党党内监督条例》等规范党内诫勉工作的制度成果，明确监察诫勉可以采取谈话或者书面两种方式，并规定谈话诫勉应当制作记录。实践中，对于采取谈话方式诫勉的，监察机关应当根据诫勉谈话对象的职务层次和具体岗位等情况，确定适当的谈话人。

（二）依法给予政务处分

《监察法实施条例》第二百零二条规定，对违法的公职人员依法需要给予政务处分的，应当根据情节轻重作出警告、记过、记大过、降级、撤职、开除的政务处分决定，制作政务处分决定书。

该条贯彻落实《监察法》《政务处分法》有关规定，进一步明确政务处分是监察机关处置违法公职人员的重要方式。

政务处分包括警告、记过、记大过、降级、撤职、开除六种，通常认为，警告、记过、记大过、降级属于政务轻处分，撤职、开除属于政务重处分。警告，是对违法公职人员提出的告诫，以促使其认识和改正错误，适用于违法情节较轻但应当给予政务处分的公职人员，警告的期间为六个月。记过、记大过，是对违法行为的过错予以记载，也是警戒性的处分方式，实际上是严重警告的意思，记过的期间为十二个月；记大过的期间是十八个月。降级，是一种降低公职人员级别的处分方式，不仅适用于公务员，也适用于参照《公务员法》管理的人员、国有企事业单位管理人员。这里的“级别”并不仅指公务员级别，而是上述人员工资、薪酬待遇等级的概称，不同种类的公职人员设置不同；不能以某类公职人员没有公务员级别为由不执行降级处分。降级的期间是二十四个月。撤职，是一种撤销公职人员所担任职务、职级等的处分方式，适用于违法情节严重、不适宜继续担任现任职务、职级等的公职人员。按照《政务处分法》的规定，被撤职的公职人员，根据不同的身份，按规定降低职务、职级、岗位或者职员等级等。撤职的期间是二十四个月。开除，是解除被处分人与原单位人事关系的一种处分，适用于违法情节严重、不适宜继续留在有关机关、单位、组织工作的公职人员。公职人员被开除后，即不再具有公职人员身份，与原单位的人事关系也随之解除。

（三）政务处分决定执行

《监察法实施条例》第二百零三条规定，监察机关应当将政务处分决定书在作出后一个月以内送达被处分人和被处分人所在机关、单位，并依法履行宣布、书面告知程序。政务处分决定自作出之日起生效。有关机关、单位、组织应当依法及时执行处分决定，并将执行情况向监察机关报告。处分决定应当在作出之日起一个月以内执行完毕，特殊情况下经监察机关批准可以适当延长办理期限，最迟不得超过六个月。

该条规定细化了《监察法》规定的政务处分制度，与《政务处分法》有关规定相衔接，确保被处分人和有关单位及时知晓政务处分决定，保证政务处分决定得到正确执行，维护政务处分决定的严肃性和权威性。

这里的“依法履行宣布、书面告知程序”，是指《政务处分法》第四十六条规定的，政务处分决定应当在一定范围内宣布，并根据被处分人的具体身份书面告知相关的机关、单位。有关机关、单位、组织应当依法及时执行处分决定，并将政务处分执行情况向监察机关报告；拒不执行监察机关作出的处理决定的，应当承担相应法律责任。

（四）监察问责

《监察法实施条例》第二百零四条规定，监察机关对不履行或者不正确履行职责造成严重后果或者恶劣影响的领导人员，可以按照管理权限采取通报、诫勉、政务处分等方式进行问责；提出组织处理的建议。

《监察法》第十一条第三项和第五十二条第一款第三项对监察问责作了规定，但没有明确问责方式。《监察法实施条例》借鉴党内问责制度，结合监察工作实际，进一步明确了监察问责的方式，即按照管理权限采取通报、诫勉、政务处分等方式，或者提出组织处理的建议，为有效贯通党内问责和监察问责、严肃责任追究提供了法规制度依据。其中，“通报”是指监察机关按照管理权限对被问责的领导人员进行严肃批评，责令其作出正式的书面检查、认真改正自身行为，同时将上述问题在一定范围内予以公布，督促其吸取教训、引以为戒，并发挥警示作用。“提出组织处理的建议”，是指监察机关建议有权机关按照管理权限对被问责的领导人员采取岗位、职务、职级调整措施，包括停职检查、调整职务、责令辞职、免职、降职。2021 年 3 月，中共中央办公厅印发的《中国共产党组织处理规定（试行）》明确规定，党委（党组）及其组织（人事）部门按照干部管理权限履行组织处理职责。监察机关对不履行或者不正确履行职责造成严重后果或者恶劣影响的领导人员，认为需要对其进行组织处理的，应当按照其干部管理权限向相应党委（党组）报告，或者向组织（人事）部门提出建议。

一般来说，上述监察问责方式中功能作用、惩戒后果不一样的，可以合并使用。比如，诫勉与责令辞职、免职可以合并使用。以下三类情况不宜合并使用：一是采取一种问责方式就足以达到惩戒失职失责行为目的、发挥教育警示作用的。二是功能和作用相近的问责方式。例如，责令辞职、免职的组织处理与撤职政务处分都属于职务调整类的惩戒措施，不宜合并使用。三是采取了较为严厉的措施，一般来说就没有必要再给予较轻的处罚。例如，已经给予政务处分的，就没有必要再进行诫勉。

（五）撤销案件程序

《监察法实施条例》第二百零六条规定，监察机关经调查，对没有证据证明或者现有证据不足以证明被调查人存在违法犯罪行为的，应当依法撤销案件。省级以下监察机关撤销案件后，应当在七个工作日以内向上一级监察机关报送备案报告。上一级监察机关监督检查部门负责备案工作。省级以下监察机关拟撤销上级监察机关指定管辖或者交办案件的，应当将《撤销案件意见书》连同案卷材料，在法定调查期限到期七个工作日前报指定管辖或者交办案件的监察机关审查。对于重大、复杂案件，在法定调查期限到期十个工作日前报指定管辖或者交办案件的监察机关审查。指定管辖或者交办案件的监察机关由监督检查部门负责审查工作。指定管辖或者交办案件的监察机关同意撤销案件的，下级监察机关应当作出撤销案件决定，制作《撤销案件决定书》；指定管辖或者交办案件的监察机关不同意撤销案件的，下级监察机关应当执行该决定。监察机关对于撤销案件的决定应当向被调查人宣布，由其在《撤销案件决定书》上签名、捺指印，立即解除留置措施，并通知其所在机关、单位。撤销案件后又发现重要事实或者有充分证据，认为被调查人有违法犯罪事实需要追究法律责任的，应当重新立案调查。

《监察法》第五十二条第二款规定了撤销案件制度。《监察法实施条例》第一百九十七条第三款对于案件审理部门依法提出撤销案件的建议，作了相应规定。《监察法实施条例》第二百零六条细化《监察法》规定，进一步建立撤销案件报备制度，明确撤销案件具体程序、文书规范和工作要求，强化对监察机关撤案工作的管理和监督。

省级以下监察机关撤销案件后，应当在七个工作日以内向上一级监察机关报送备案报告。同时，为便于对接联系和具体操作，由上一级监察机关相关监督检查部门负责下一级监察机关撤案报告的备案工作。“相关监督检查部门”是指对口联系下一级监察机关的监督检查部门。

关于对指定管辖或者交办案件的撤案程序，实践中应重点把握以下两个方面内容：一是关于上级监察机关指定管辖或者交办案件的撤案报批制度。省级以下监察机关拟撤销上级监察机关指定管辖或者交办案件的，应当报指定管辖或者交办案件的监察机关审查。二是关于撤案的报批时限、材料要求以及工作程序。下级监察机关一般应当在法定调查期限到期七个工作日前履行报批程序；对于重大、复杂案件，应当在到期十个工作日前报批。对于指定管辖或者交办案件的监察机关不同意撤销案件的，下级监察机关应当执行该决定，继续开展案件调查工作，依法作出相应处置并将情况报告上级监察机关。考虑到实践中，指定管辖或者交办案件一般由上一级监察机关监督检查部门负责具体工作，为强化归口办理、促进工作衔接，《监察法实施条例》明确规定由指定管辖或者交办案件的监察机关监督检查部门负责相关案件撤案审查工作。监督检查部门根据工作需要，可以征求本机关有关部门的意见。

“认为被调查人有违法犯罪事实需要追究法律责任的，应当重新立案调查”，这里的“违法犯罪事实”，是指原违法犯罪事实。如果发现被撤销案件以外新的违法犯罪事实，应当启动新的核查程序，需要立案的依法立案。

需要说明的是，监察机关撤销案件适用的情形是“没有证据证明或者现有证据不足以证明被调查人存在违法犯罪行为”。对于经立案调查，公职人员有职务违法行为但情节较轻，运用谈话提醒、批评教育、责令检查等“第一种形态”方式处置的，不适用撤案的规定。

（六）对涉嫌行贿等违法犯罪的涉案单位和人员的处置

《监察法实施条例》第二百零七条规定，对于涉嫌行贿等犯罪的非监察对象，案件调查终结后依法移送起诉。综合考虑行为性质、手段、后果、时间节点、认罪悔罪态度等具体情况，对于情节较轻，经审批不予移送起诉的，应当采取批评教育、责令具结悔过等方式处置；应当给予行政处罚的，依法移送有关行政执法部门。对于有行贿行为的涉案单位和人员，按规定记入相关信息记录，可以作为信用评价的依据。对于涉案单位和人员通过行贿等非法手段取得的财物及孳息，应当依法予以没收、追缴或者责令退赔。对于违法取得的其他不正当利益，依照法律法规及有关规定予以纠正处理。

坚持受贿行贿一起查，是党的十九大作出的重大决策部署。2021 年，中央纪委国家监委与中央组织部、中央统战部、中央政法委、最高人民法院、最高人民检察院联合印发《关于进一步推进受贿行贿一起查的意见》，对进一步推进受贿行贿一起查作出具体部署。《监察法实施条例》贯彻坚持受贿行贿一起查要求，积极回应实践需求，对有行贿行为的涉案单位和人员处置作出针对性规定，做到多管齐下，织密惩治行贿违法犯罪的法网。

根据该条规定，对非监察对象涉案人员处置方式主要有两种：第一种是对于依法应当追究刑事责任的，移送人民检察院审查起诉；第二种是依法采取其他方式处置。对于财物及孳息，应当依法予以没收、追缴或者责令退赔；对于行贿人通过行贿取得的非经济利益，监察机关应当通过向相关单位、组织发函等方式，要求依法予以纠正处理，并对处理结果进行跟踪了解。

二、涉案财物处置

《监察法》第五十三条规定了涉案财物处置："监察机关经调查，对违法取得的财物，依法予以没收、追缴或者责令退赔；对涉嫌犯罪取得的财物，应当随案移送人民检察院。"

对被调查人违法取得的财物，监察机关可以依法予以没收、追缴或者责令退赔，目的是防止职务违法的公职人员在经济上获得不正当利益，挽回职务违法行为给国家财产、集体财产和公民个人的合法财产造成的损失。"没收"，是指将违法取得的财物强制收归国有的行为，没收的财物一律上缴国库。"追缴"，是指将违法取得的财物予以追回的行为，追缴的财物退回原所有人或者原持有人；依法不应退回的，上缴国库。"责令退赔"，是指责令违法的公职人员将违法取得的财物予以归还，或者违法取得的财物已经被消耗、毁损的，用与之价值相当的财物予以赔偿的行为。责令退赔的财物直接退赔原所有人或者原持有人，无法退赔的，应当上缴国库。

对被调查人涉嫌犯罪取得的财物，监察机关应当在移送检察机关依法提起公诉时随案移送，以保证检察机关顺利开展审查起诉工作。对随案移送检察机关的财物，监察机关要制作移送登记表。与检察机关办理交接手续时，双方应当逐笔核对财物情况以及相对应的犯罪事实，做到心中有数。

需要注意的是，在法院依法作出判决后，检察机关应将未认定的涉案财物退回监察机关，监察机关应当视情况作出相应处理，对违法取得的财物，可以依法予以没收、追缴或者责令退赔；对被调查人的合法财物，将原财物予以归还，原财物被消耗、毁损的，用与之价值相当的财物予以赔偿。

第八节　移送审查起诉

移送审查起诉是职务犯罪案件从监察调查进入刑事诉讼程序的重要节点，是法法衔接的重要环节，是监察机关与司法机关工作衔接的重要内容。监察机关查处的案件移交检察机关，由检察机关负责批捕、审查起诉、提起公诉，由法院进行审判。

一、移送审查起诉的一般规定

《监察法实施条例》第二百一十二条规定，监察机关决定对涉嫌职务犯罪的被调查人移送起诉的，应当出具《起诉意见书》，连同案卷材料、证据等，一并移送同级人民检察院。监察机关案件审理部门负责与人民检察院审查起诉的衔接工作，调查、案件监督管理等部门应当予以协助。国家监察委员会派驻或者派出的监察机构、监察专员调查的职务犯罪案件，应当依法移送省级人民检察院审查起诉。

该条根据《监察法》第五十二条第一款第四项和《刑事诉讼法》有关规定，对监察机关移送起诉工作作了细化要求，有助于实现监察调查与审查起诉工作顺畅衔接，提高反腐败工作效率，形成反腐败合力。

根据该条规定，对于监察机关移送审查起诉工作的总体要求，重点要把握三个要求：一是同级移送。该条规定的“同级人民检察院”既包括本地同级人民检察院，也包括异地同级人民检察院。实践中，监察机关调查终结后需要移送起诉的，应当在依法确定起诉、审判管辖后，根据不同情况分别移送相应同级人民检察院。二是出具《起诉意见书》。《起诉意见书》应当由案件审理部门在调查部门形成的《起诉建议书》的基础上形成，并作为审理报告的附件一并报送审议。三是全面移送案卷材料、证据。监察机关决定移送起诉的案件，应当向人民检察院全面移送与定罪量刑有关的证据及材料，包括《起诉意见书》；调查卷宗；《移送司法机关涉案财物清单》；被调查人到案经过及量刑情节方面的材料；法律手续和文书；作为证据使用的查封、扣押、冻结的被调查人财物及其孳息，对于实物不宜移送的移送清单、照片和其他证明文件。监察机关移送审查起诉工作，应由案件审理部门负责，其他相关部门应当根据各自工作职责，积极予以协助。

关于与人民检察院审查起诉的衔接工作。国家监委派驻或者派出的监察机构、监察专员调查的职务犯罪案件，应当向省级人民检察院移送审查起诉。根据实际工作需要，既可以按照《刑事诉讼法》规定的管辖原则直接移送被调查人犯罪地或者居住地省级人民检察院审查起诉，也可以经指定管辖移送其他省级人民检察院审查起诉。国家监委派驻或者派出的监察机构、监察专员调查的职务犯罪案件需要指定起诉、审判管辖的，应当报国家监委办理指定管辖手续。

二、检察机关对监察机关移送案件的处理

《监察法》第五十四条规定，对监察机关移送的案件，人民检察院依照《中华人民共和国刑事诉讼法》对被调查人采取强制措施。人民检察院经审查，认为犯罪事实已经查清，证据确实、充分，依法应当追究刑事责任的，应当作出起诉决定。人民检察院经审查，认为需要补充核实的，应当退回监察机关补充调查，必要时可以自行补充侦查。对于补充调查的案件，应当在一个月内补充调查完毕。补充调查以二次为限。人民检察院对于有《中华人民共和国刑事诉讼法》规定的不起诉的情形的，经上一级人民检察院批准，依法作出不起诉

的决定。监察机关认为不起诉的决定有错误的，可以向上一级人民检察院提请复议。

规定该条的主要目的是保证检察机关依法、及时开展审查起诉工作，确保监察机关与检察机关在办理职务犯罪案件过程中有序衔接、相互制约。

对监察机关移送的被调查人，检察机关可以依照《刑事诉讼法》的规定进行审查，视情况采取拘留、逮捕、监视居住等强制措施。为做好监察机关与检察机关办理职务犯罪案件工作衔接，对监察机关已经采取留置措施的案件，检察机关应当在监察机关移送案件之前对是否采取和采取何种强制措施进行审查，在移送之日作出决定并执行。

对监察机关移送检察机关提起公诉的案件，同时满足以下三个条件的，检察机关应当作出起诉决定：一是“犯罪事实已经查清”。“犯罪事实”是指犯罪的主要事实，对主要事实已经查清，但因为各种原因，一些个别细节无法查清或没有必要查清，且不影响定罪量刑的，应当视为犯罪事实已经查清。二是“证据确实、充分”，即用以证明案件事实的证据真实可靠，取得的证据足以证实调查认定的犯罪事实和情节。《刑事诉讼法》第五十五条第二款对证据确实、充分的条件作了明确规定，即定罪量刑的事实都有证据证明；据以定案的证据均经法定程序查证属实；综合全案证据，对所认定事实已排除合理怀疑。三是“依法应当追究刑事责任”。

对监察机关移送的案件，检察机关经审查后认为犯罪事实不清、证据不足，需要补充核实的，应当退回监察机关补充调查，必要时可以自行补充侦查；监察机关进行补充调查的期限是一个月，补充调查最多两次。这是检察机关对监察机关进行监督的重要体现和制度措施。需要注意的是，“退回补充调查”与“自行补充侦查”是有先后顺序的，考虑到监察机关移送的案件政治性强、比较敏感，检察机关公诉部门审查后认为需要补充证据的，一般应当先退回监察机关进行补充调查；必要时，才由检察机关自行补充侦查。一般而言，检察机关认为监察机关移送的案件定罪量刑的基本犯罪事实已经查清，但具有下列情形之一的，可以自行补充侦查：一是证人证言、犯罪嫌疑人供述和辩解、被害人陈述的内容中主要情节一致，个别情节不一致且不影响定罪量刑的。二是书证、物证等证据材料需要补充鉴定的。三是其他由检察机关查证更为便利、更有效率、更有利于查清案件事实的情形。

对监察机关移送的案件，检察机关经审查认为有《刑事诉讼法》规定的不起诉情形的，经上一级检察机关批准，可以作出不起诉的决定；监察机关认为检察机关作出的不起诉决定有错误的，可以向其上一级检察机关提请复议。“刑事诉讼法规定的不起诉情形”有两类。一是检察机关应当决定不起诉的情形：（1）犯罪嫌疑人没有犯罪事实，包括犯罪行为并非本犯罪嫌疑人所为，以及该案所涉行为依法不构成犯罪。（2）犯罪嫌疑人有《刑事诉讼法》第十六条规定的不追究刑事责任的情形，包括情节显著轻微、危害不大，不认为是犯罪的；犯罪已过追诉时效期限的；经特赦令免除刑罚的；属于刑法规定的告诉才处理的案件没有告诉或者撤回告诉的；犯罪嫌疑人、被告人死亡的及其他法律规定免予追究刑事责任的情形。二是检察机关可以决定不起诉的情形。对于犯罪情节轻微，依照《刑法》规定不需要判处刑罚或者免除刑罚的，检察机关可以作出不起诉的决定。其中“不需要判处刑罚”是指《刑法》第三十七条规定的情形，即对于犯罪情节轻微不需要判处刑罚的，可以免予刑事处罚；“免除刑罚”则是指《刑法》对自首、立功、未成年人犯罪、中止犯、正当防卫、紧急避险等规定的一种处理措施。

三、被调查人逃匿、死亡案件违法所得没收程序

《监察法》第五十五条规定，监察机关在调查贪污贿赂、失职渎职等职务犯罪案件过程中，被调查人逃匿或者死亡，有必要继续调查的，应当继续调查并作出结论。被调查人逃匿，在通缉一年后不能到案，或者死亡的，由监察机关提请人民检察院依照法定程序，向人民

法院提出没收违法所得的申请。

监察机关提请司法机关依法启动违法所得没收程序，有三个条件：

一是涉嫌贪污贿赂、失职渎职等职务犯罪案件。这里的“贪污贿赂犯罪”主要是指《监察法实施条例》第二十六条规定的罪名；“失职渎职犯罪”主要是指《监察法实施条例》第二十七条至第三十条规定的罪名。

二是被调查人必须是逃匿且通缉一年后不能到案的，或者被调查人死亡的。这里所说的“逃匿”是指被调查人在犯罪后，为逃避法律制裁而逃跑、隐匿或躲藏的。“通缉”是指监察机关通令缉拿应当留置而在逃的被调查人归案的一种调查措施。

三是有必要继续调查的，应当继续调查并作出结论。经过调查作出的结论，应当符合《刑法》第六十四条关于追缴违法所得及其他涉案财产的规定，即犯罪分子违法所得的一切财物，应当予以追缴或者责令退赔；对被害人的合法财产，应当及时返还；违禁品和供犯罪所用的本人财物，应当予以没收。没收的财物和罚金，一律上缴国库，不得挪用和自行处理。

实践中，需要注意以下两个问题。一是《监察法》第五十五条与《刑事诉讼法》有关规定的衔接问题。为严厉打击贪污贿赂等职务犯罪，对犯罪所得及时采取追缴措施，《刑事诉讼法》规定了“犯罪嫌疑人、被告人逃匿、死亡案件违法所得的没收程序”，《监察法》第五十五条规定与《刑事诉讼法》相关规定和《最高人民法院、最高人民检察院关于适用犯罪嫌疑人、被告人逃匿、死亡案件违法所得没收程序若干问题的规定》的精神是一致的。一般情况下，犯罪嫌疑人如果逃匿，调查就难以进行；即使调查比较顺利，如果犯罪嫌疑人死亡，依照《刑事诉讼法》第十六条的规定，就应当撤销案件，或者不起诉，或者终止审理。但是，违法所得没收程序属于特别程序，在犯罪嫌疑人、被告人不能到案的情况下，可以对其违法所得及其他涉案财产进行审理并作出裁定。

二是对被调查人“失踪”的，应当如何进行认定和处理。参照《最高人民法院、最高人民检察院关于适用犯罪嫌疑人、被告人逃匿、死亡案件违法所得没收程序若干问题的规定》第三条规定的精神，被调查人为逃避调查和刑事追究潜逃、隐匿的，应当认定为“逃匿”；被调查人因意外事故下落不明满二年，或者因意外事故下落不明，经有关机关证明其不可能生存的，也按照“逃匿”处理。

四、缺席审判案件办理程序

《监察法实施条例》第二百三十三条规定，监察机关立案调查拟适用缺席审判程序的贪污贿赂犯罪案件，应当逐级报送国家监察委员会同意。监察机关承办部门认为在境外的被调查人犯罪事实已经查清，证据确实、充分，依法应当追究刑事责任的，应当依法移送审理。监察机关应当经集体审议，出具《起诉意见书》，连同案卷材料、证据等，一并移送人民检察院审查起诉。在审查起诉或者缺席审判过程中，犯罪嫌疑人、被告人向监察机关自动投案或者被抓获的，监察机关应当立即通知人民检察院、人民法院。

2018 年 10 月修改的《刑事诉讼法》第五编第三章增设了“缺席审判程序”，在我国刑事法律中建立了刑事缺席审判制度。《监察法实施条例》第二百三十三条与《刑事诉讼法》规定的缺席审判制度相衔接，为监察机关办理缺席审判案件提供制度保障，丰富和完善了反腐败国际追逃追赃手段，有利于进一步加强反腐败追逃追赃工作，对外逃人员形成法律震慑。

需要注意的是，监察机关调查的案件适用缺席审判程序与违法所得没收程序的区别：一是适用案件范围方面。缺席审判程序仅适用于贪污贿赂犯罪案件；没收违法所得程序可以适用于贪污贿赂、失职渎职犯罪案件。二是处置对象方面。缺席审判程序主要是审理并判决被告人是否有罪，并对涉案财物进行处置；没收违法所得程序主要是对涉案财物进行处置，不涉及对犯罪人的定罪量刑。三是对被调查人要求方面。缺席审判程序仅适用于被调查人在境外的情形；没收违法所得程序适用于被调查人逃匿，在通缉一年后不能到案，或者被调查人死亡的，包括被调查人在境内境外的情形。

第九节　复审、复核

处理申诉，就是监察机关依法对原处理决定进行复审、复核的过程。

一、复审、复核制度

《监察法》第五十六条规定："监察对象对监察机关作出的涉及本人的处理决定不服的，可以在收到处理决定之日起一个月内，向作出决定的监察机关申请复审，复审机关应当在一个月内作出复审决定；监察对象对复审决定仍不服的，可以在收到复审决定之日起一个月内，向上一级监察机关申请复核，复核机关应当在二个月内作出复核决定。复审、复核期间，不停止原处理决定的执行。复核机关经审查，认定处理决定有错误的，原处理机关应当及时予以纠正。"

《监察法实施条例》第二百一十条第一款规定："监察对象对监察机关作出的涉及本人的处理决定不服的，可以在收到处理决定之日起一个月以内，向作出决定的监察机关申请复审。复审机关应当依法受理，并在受理后一个月以内作出复审决定。监察对象对复审决定仍不服的，可以在收到复审决定之日起一个月以内，向上一级监察机关申请复核。复核机关应当依法受理，并在受理后二个月以内作出复核决定。”

关于复审、复核的程序。“复审”，是指监察对象对监察机关作出的涉及本人的处理决定不服，自收到处理决定之日起一个月内，可以向作出决定的监察机关申请复审，作出决定的监察机关依法受理后，应当对原处理决定进行审查核实并作出复审决定。“复核”，是指监察对象对复审决定不服，自收到复审决定之日起一个月内，可以向作出复审决定的监察机关的上一级监察机关申请复核，上一级监察机关依法受理后，对原复审决定进行审查核实并作出复核决定。复审是复核的前置程序，未经复审的，不能提出复核申请。“受理”，是指监察机关依法对申请人提出的复审复核申请予以接受并进行初步审查，决定对符合条件的启动复审复核程序的活动。监察机关一般应从以下几个方面审查复审复核是否符合受理条件：一是申请人是否系受到监察机关相关处理的监察对象。此处的监察机关相关处理，包括诫勉、政务处分等。二是复审复核事项是否针对监察机关有关处理决定。需要说明的是，监察机关调查终结后，将涉嫌职务犯罪的被调查人移送司法机关审查起诉的，不涉及对被调查人刑事责任的实质认定，被调查人不得就此向监察机关申请复审复核。三是复审复核事项是否依法应当由本机关管辖，即监察对象对处理决定申请复审的，作出处理决定的监察机关是否是本机关；监察对象申请复核的，作出处理决定的监察机关是否是本机关所辖下一级监察机关。四是复审复核申请是否在法定期限内提出。五是申请材料是否齐备，一般包括不服监察机关处理决定的申请书以及监察机关原处理决定、复审决定复制件等材料。六是是否属于重复申请复审复核，或者未经原处理机关复审直接申请复核等。

关于复审、复核的时限。《监察法》第五十六条对复审、复核期间作了明确规定，即“复审机关应当在一个月内作出复审决定”，“复核机关应当在二个月内作出复核决定”。“一个月”应当自复审机关收到复审申请之日起计算，这是作出原处理决定的监察机关进行复审活动的期限；“二个月”应当自复核机关收到复核申请之日起计算，这是上一级监察机关进行复核活动的期限。规定复审、复核期间的目的在于保证监察机关及时处理复审、复核案件，维护复审、复核申请人的合法权益。

关于复审、复核期间原处理决定的效力。复审、复核期间，不停止原处理决定的执行。规定复审、复核期间不停止原决定的执行，是因为监察机关处理决定和复审决定，是一级国家机关依法作出的，对监察对象和监察机关均有约束力，双方都必须严格执行，非依法定程序不得随意变更和撤销。在复审、复核期间不停止原处理决定的执行，有利于保障监察机关作出的处理决定、复审决定的效力，维护监察机关的工作秩序，维护法律秩序和公共利益。同时，作这样的规定，也不影响对复审、复核申请人合法权益的保护，监察机关经过复审、复核认为原处理决定不适当的，可以作出变更或者撤销原处理决定的复审、复核决定。这一复审、复核决定的效力始于原处理决定生效之时。

需要注意的是，对监察机关涉及本人的处理决定不服的，只能向作出原处理决定的监察机关申请复审，而不能向其他机关提出申请。

二、复审、复核终结制度

《监察法实施条例》第二百一十条第二款规定："上一级监察机关的复核决定和国家监察委员会的复审、复核决定为最终决定。"

根据该款规定，上一级监察机关的复核决定和国家监察委员会的复审复核决定为最终决定，即监察机关作出的处理决定经过一次复审及复核后，法定意义上的复审复核程序即已终结。考虑到国家监委是宪法规定的最高监察机关，对最高监察机关作出的复审决定，客观上已无上一级监察机关可以继续审查，因此国家监委作出的复审决定也属于最终决定。

三、复审复核案件办理

《监察法实施条例》第二百一十一条第一款规定："复审、复核机关承办部门应当成立工作组，调阅原案卷宗，必要时可以进行调查取证。承办部门应当集体研究，提出办理意见，经审批作出复审、复核决定。决定应当送达申请人，抄送相关单位，并在一定范围内宣布。"第二款规定："复审、复核期间，不停止原处理决定的执行。复审、复核机关经审查认定处理决定有错误或者不当的，应当依法撤销、变更原处理决定，或者责令原处理机关及时予以纠正。复审、复核机关经审查认定处理决定事实清楚、适用法律正确的，应当予以维持。"第三款规定："坚持复审复核与调查审理分离，原案调查、审理人员不得参与复审复核。"

关于监察机关办理复审复核案件的工作要求。复审、复核机关承办部门应当成立工作组，对案卷材料进行书面审查，对案件的主要事实、证据特别是复审复核针对的事实证据和理由进行审核，必要时可以进行调查取证，或者请原办案机关、部门或人员就有关问题作出说明、补充完善证据材料等，涉及专业技术问题或者具体业务政策、规定的，可以征求有关部门意见。在此基础上，承办部门应当经集体研究提出办理意见，履行相应审批程序后作出复审、复核决定。复审、复核决定应当送达申请人，抄送原处理决定机关和有关单位，并在一定范围内宣布。

关于监察机关对复审复核的处理方式。需要重点把握两个方面内容：一是复审复核期间不停止原处理决定的执行。监察机关的处理决定是监察机关依据《监察法》、《政务处分法》和《监察法实施条例》等法律法规，按照管理权限和法定程序作出的，具有法律约束力。如果被处理人提起复审、复核就停止原处理决定的执行，会影响监察机关工作秩序和效率，损害法律的权威性和严肃性。二是复审、复核机关经审查，应当根据不同情形依法撤销、变更原处理决定，或者责令原处理机关及时予以纠正，或者予以维持。对于具体程序，监察机关应当结合《政务处分法》第五章“复审、复核”的相关规定处理。

关于复审复核与调查审理分离原则。规定原案调查、审理人员不得参与复审复核，目的在于健全监察权运行的内控机制，保证复审复核的客观性和公正性，维护监察机关复审复核工作的权威。

第六章　反腐败国际合作

党的十八大以来，以习近平同志为核心的党中央高度重视反腐败国际合作。习近平总书记反复强调，“决不能让腐败分子躲进‘避罪天堂’、逍遥法外”，“腐败分子即使逃到天涯海角，也要把他们追回来绳之以法，五年、十年、二十年都要追”。党的十九大指出，不管腐败分子逃到哪里，都要缉拿归案、绳之以法。党的二十大强调，深化反腐败国际合作，一体构建追逃防逃追赃机制。加强反腐败国际合作，完善工作职责和领导体制，有利于纵深推进反腐败斗争，为国际反腐败事业贡献中国智慧、提供中国方案。修改后的《监察法》，在保持以第六章对反腐败国际合作进行专章规定的基础上，充实反腐败国际合作相关规定，与《中华人民共和国国际刑事司法协助法》等法律相衔接，充实完善国家监委反腐败国际合作职责，进一步丰富追逃追赃法律手段。

第一节　工作职责和领导体制

《监察法》第五十七条、第五十八条、第五十九条对反腐败国际合作作出总体规定，《监察法实施条例》第六章第一节对监察委员会在反腐败国际合作方面的工作职责和领导体制进行了细化。

一、国家监察委员会统筹协调反腐败国际合作

《监察法》第五十七条规定："国家监察委员会统筹协调与其他国家、地区、国际组织开展的反腐败国际交流、合作，组织反腐败国际条约实施工作。"

关于组织反腐败国际条约实施工作。对我国签署的反腐败国际条约，国家监察委员会要组织国内有关部门研究如何开展实施工作，包括研究条约对我国反腐败工作的利弊，条约与我国法律制度如何衔接，条约涉及的我国重要法律的起草和修改等；要组织国内有关部门接受履约审议，督促有关部门做好自评清单填写和提交工作，接受审议国对我国进行实地访问等。

关于统筹协调与其他国家、地区、国际组织开展的反腐败国际交流、合作。我国有关部门、组织等与其他国家、地区、国际组织开展反腐败国际交流与合作，无论是以官方为主的形式，还是以民间为主的形式，国家

监察委员会都要在党中央的集中统一领导下，发挥统筹协调的作用，有关各方要发出同一个声音，绝不允许自说自话，甚至各自为战。

二、国家监察委员会会同有关单位加强反腐败国际合作

《监察法》第五十八条规定：“国家监察委员会会同有关单位加强与有关国家、地区、国际组织在反腐败方面开展引渡、移管被判刑人、遣返、联合调查、调查取证、资产追缴和信息交流等执法司法合作和司法协助。”

“司法协助”，是指根据双边条约、多边条约或以互惠为基础，我国与有关国家、地区之间，在对条约或协定等所涵盖的犯罪进行的调查（侦查）、起诉和审判过程中，相互提供最广泛的司法方面的协助。该条主要包括以下内容：一是“引渡”，是指根据双边条约、多边条约或以互惠为基础，向外逃涉案人所在地国提出请求，将涉嫌犯罪人员移交给国内进行追诉和处罚。二是“移管被判刑人”，是指外逃人员所在国依据本国法和我们提供的证据，对我国外逃人员进行定罪判刑后，将该外逃人员移交我国服刑。三是“遣返”，是指由我国向外逃所在地国提供外逃人员违法犯罪线索和伪造护照等虚假身份情况，让所在地国根据移民法规，剥夺其居

留地位并强制遣返至我国或第三国。四是“调查取证”，是指监察机关在依法调查腐败犯罪案件时，发现与案件相关的人员或者证据在境外，通过与有关国家、地区、国际组织开展司法执法合作，或者争取当事人自愿配合等方式，开展案件事实调查和证据收集等工作。五是“资产追缴”，是指对贪污贿赂等犯罪嫌疑人携款外逃的，通过与有关国家、地区、国际组织的合作，追回犯罪资产。六是“信息交流”，是指我国与有关国家、地区、国际组织之间，发展和共享有关腐败的统计数字、分析性专门知识和资料，以及有关预防和打击腐败最佳做法的资料等。

三、反腐败国际追逃追赃和防逃工作

《监察法》第五十九条规定：“国家监察委员会加强对反腐败国际追逃追赃和防逃工作的组织协调，督促有关单位做好相关工作：（一）对于重大贪污贿赂、失职渎职等职务犯罪案件，被调查人逃匿到国（境）外，掌握证据比较确凿的，通过开展境外追逃合作，追捕归案；（二）向赃款赃物所在国请求查询、冻结、扣押、没收、追缴、返还涉案资产；（三）查询、监控涉嫌职务犯罪的公职人员及其相关人员进出国（境）和跨境资金流动情况，在调查案件过程中设置防逃程序。”

《监察法实施条例》第二百三十四条规定，国家监察委员会统筹协调与其他国家、地区、国际组织开展反腐败国际交流、合作。国家监察委员会组织《联合国反腐败公约》等反腐败国际条约的实施以及履约审议等工作，承担《联合国反腐败公约》司法协助中央机关有关工作。国家监察委员会组织协调有关单位建立集中统一、高效顺畅的反腐败国际追逃追赃和防逃协调机制，统筹协调、督促指导各级监察机关反腐败国际追逃追赃等涉外案件办理工作，具体履行下列职责：（一）制定反腐败国际追逃追赃和防逃工作计划，研究工作中的重要问题；（二）组织协调反腐败国际追逃追赃等重大涉外案件办理工作；（三）办理由国家监察委员会管辖的涉外案件；（四）指导地方各级监察机关依法开展涉外案件办理工作；（五）汇总和通报全国职务犯罪外逃案件信息和追逃追赃工作信息；（六）建立健全反腐败国际追逃追赃和防逃合作网络；（七）承担监察机关开展国际刑事司法协助的主管机关职责；（八）承担其他与反腐败国际追逃追赃等涉外案件办理工作相关的职责。

《监察法实施条例》第二百三十五条规定，地方各级监察机关在国家监察委员会领导下，统筹协调、督促指导本地区反腐败国际追逃追赃等涉外案件办理工作，具体履行下列职责：（一）落实上级监察机关关于反腐败国际追逃追赃和防逃工作部署，制定工作计划；（二）按照管辖权限或者上级监察机关指定管辖，办理涉外案件；（三）按照上级监察机关要求，协助配合其他监察机关开展涉外案件办理工作；（四）汇总和通报本地区职务犯罪外逃案件信息和追逃追赃工作信息；（五）承担本地区其他与反腐败国际追逃追赃等涉外案件办理工作相关的职责。省级监察委员会应当会同有关单位，建立健全本地区反腐败国际追逃追赃和防逃协调机制。国家监察委员会派驻或者派出的监察机构、监察专员统筹协调、督促指导本部门反腐败国际追逃追赃等涉外案件办理工作，参照第一款规定执行。

“反腐败国际追逃”，是指对于逃匿到国（境）外的涉嫌重大贪污贿赂、失职渎职等职务犯罪的被调查人，在掌握证据比较确凿的情况下，通过开展境外追逃工作将其追捕归案。开展反腐败国际追逃，引渡是利用国际刑事司法协助开展境外追逃的正式渠道和理想方式，遣返、劝返、异地起诉等是引渡之外的替代措施。

“反腐败国际追赃”，是指对贪污贿赂等犯罪嫌疑人携款外逃的，通过提请赃款赃物所在国查询、冻结、扣押、没收、追缴、返还涉案资产，追回犯罪资产。具体而言，开展追赃国际合作的手段主要有：一是在开展引渡、遣返等追逃合作的同时，随附请求移交赃款赃物。二是协助赃款赃物所在地国根据其国内法启动追缴程序，然后予以没收和返还。三是受害人或受害单位在赃款赃物所在地国，通过民事诉讼方式追回犯罪资产。

四是在我国国内启动违法所得特别没收程序，由法院作出没收判决后，请求赃款赃物所在地国予以承认与执行。

“防逃”，是指通过加强组织管理和干部监督，查询、监控涉嫌职务犯罪的公职人员及其相关人员进出国（境）和跨境资金流动情况，完善防逃措施，防止涉嫌职务犯罪的公职人员外逃。“未雨绸缪”胜过“亡羊补牢”，要坚持追逃防逃两手抓，在加大追逃力度的同时，做好防逃工作，建立健全不敢逃、不能逃的有效机制。

需要注意的是，反腐败国际追逃追赃和防逃涉及面广、工作复杂，需要在国家监察委员会的统筹协调下，发挥相关单位的职能作用。尤其是防逃工作，国内各相关单位不能各自为战，要协调配合，加强分析研判，发现公职人员可能外逃蛛丝马迹的，应当及时启动防范措施。

四、办理涉外案件实行归口管理和严格审批

《监察法实施条例》第二百三十六条规定，国家监察委员会国际合作局归口管理监察机关反腐败国际追逃追赃等涉外案件办理工作。地方各级监察委员会应当明确专责部门，归口管理本地区涉外案件办理工作。国家监察委员会派驻或者派出的监察机构、监察专员和地方各级监察机关办理涉外案件中有关执法司法国际合作事项，应当逐级报送国家监察委员会审批。由国家监察委

员会依法直接或者协调有关单位与有关国家（地区）相关机构沟通，以双方认可的方式实施。

根据该条规定，国家监察委员会国际合作局归口管理监察机关反腐败国际追逃追赃等涉外案件办理工作。实行归口管理，从根本上说是由我国外事管理体制决定的。纪检监察系统的外事工作由国家监委国际合作局归口负责、统一对外，各地方、各层级不能越过国家监委直接对外开展工作，所有的涉外案件办理都应当通过国家监委国际合作局开展对外合作。地方各级监委应当明确专责部门，归口管理本地区涉外案件办理工作。派驻机构和地方监委开展对外执法合作，应逐级报送至国家监委审批，由国家监委与有关国家（地区）相关机构开展合作。

五、追逃追赃和防逃工作内部联络机制和程序

《监察法实施条例》第二百三十七条规定，监察机关应当建立追逃追赃和防逃工作内部联络机制。承办部门在调查过程中，发现被调查人或者重要涉案人员外逃、违法所得及其他涉案财产被转移到境外的，可以请追逃追赃部门提供工作协助。监察机关将案件移送人民检察院审查起诉后，仍有重要涉案人员外逃或者未追缴的违法所得及其他涉案财产的，应当由追逃追赃部门继续办理，或者由追逃追赃部门指定协调有关单位办理。

关于追逃追赃和防逃工作内部联络机制。在监察机

关内部，追逃追赃和防逃工作主要涉及承办部门和追逃追赃部门之间的协作配合。“承办部门”，是指监察机关的监督检查、调查等承办涉外案件的具体部门；“追逃追赃部门”，是指《监察法实施条例》第二百三十六条第一款中规定的监察机关开展反腐败国际追逃追赃的专责部门，如国家监察委员会国际合作局。承办部门应当确定追逃追赃工作联络员，负责与追逃追赃部门协调沟通本部门承办案件中遇到的涉外事项，牵头或者协调所在部门相关人员办理刑事司法协助等对外执法合作事宜。

关于具体衔接程序。包括调查和移送审查起诉后两个阶段的要求。在调查阶段，要求承办部门发现被调查人或者重要涉案人员外逃、违法所得及其他涉案财产被转移到境外的，原则上自行组织开展追逃追赃工作，也可以请追逃追赃部门提供工作协助。而将案件移送审查起诉后，仍有重要涉案人员外逃或者未追缴的违法所得及其他涉案财产的，应当及时将有关材料移交追逃追赃部门负责，以有效防止调查与追逃追赃脱节，出现外逃人员、外流赃款无人过问的现象。

第二节　国（境）内工作

《监察法实施条例》第六章第二节对国（境）内工作进行了专节规定。

一、建立防逃机制

《监察法实施条例》第二百三十八条第一款规定："监察机关应当将防逃工作纳入日常监督内容，督促相关机关、单位建立健全防逃责任机制。"第二款规定："监察机关在监督、调查工作中，应当根据情况制定对监察对象、重要涉案人员的防逃方案，防范人员外逃和资金外流风险。监察机关应当会同同级组织人事、外事、公安、移民管理等单位健全防逃预警机制，对存在外逃风险的监察对象早发现、早报告、早处置。"

在防逃工作中，党委（党组）承担主体责任。各级党委（党组）必须高度重视防逃工作，将其纳入落实全面从严治党主体责任范畴，强化对所管理的领导干部和公职人员的日常监督，规范涉外行为，真正把防逃责任压实。监察机关作为反腐败工作机构，要将防逃工作作为日常监督事项，督促相关机关、单位建立健全防逃责任机制，加强对公职人员特别是领导干部的教育管理监督，推动从源头上做好防逃工作。

防逃工作是一项系统工程，涉及证件管理、人员监督、反洗钱等各个方面，体现在制度建设、机制运行、日常监督、应急响应各个环节，必须多部门齐抓共管、多环节协同发力、多要素整体推进。监察机关应当加强与组织、外事、公安、移民管理等单位沟通协作，加大统筹力度，以人员、证件和资金为重点，建立信息沟通渠道，健全防逃预警机制，有效部署防逃措施，推动监督更加协同高效。《监察法实施条例》结合相关制度规定和实践经验，对此提出明确要求，对存在外逃风险的监察对象及时预警评估、重点关注，做到早发现、早报告、早处置，有效预防和管控外逃风险。

二、预防、打击跨境转移涉案财产

《监察法实施条例》第二百三十九条规定："监察机关应当加强与同级人民银行、公安等单位的沟通协作，推动预防、打击利用离岸公司和地下钱庄等向境外转移违法所得及其他涉案财产，对涉及职务违法和职务犯罪的行为依法进行调查。"

关于监察机关与相关单位在预防、打击跨境转移赃款赃物工作中的沟通协作。中国人民银行是国务院反洗钱行政主管部门，公安机关是刑事犯罪侦查机关，对打击跨境转移赃款赃物违法犯罪行为均负有重要职责。要求监察机关与同级人民银行、公安机关等单位加强沟通协作，通过推动预防、打击利用离岸公司和地下钱庄等向境外转移赃款赃物，及时切断企图外逃人员和已外逃人员的经济“营养源”，努力实现赃款赃物“在境内藏不住、向境外转不出”，可以有效防止涉腐资金外流，提高防逃工作质量。“离岸公司”，一般是指投资者将公司注册在离岸地，但投资者并不在当地经营公司，而是在注册地外的国家、地区经营，即注册地与经营地相分离。“地下钱庄”，一般是指从事非法金融业务的组织。

关于在预防、打击跨境转移涉案财产工作中，推进职务违法犯罪行为调查工作。《中华人民共和国刑法修正案（十一）》将“自洗钱”行为入罪，降低了洗钱罪入罪标准，为打击跨境洗钱行为提供了重要法律依据。《监察法实施条例》要求监察机关在会同相关单位预防、打击跨境转移赃款赃物，开展防逃工作过程中，依法对涉腐洗钱行为的上游职务违法犯罪进行调查，建立从“钱”到“人”“事”的案件查办机制，有利于加强各个职能部门之间的互动衔接，形成打击涉腐洗钱行为的工作合力。监察机关在扎实开展涉嫌职务违法犯罪案件调查工作的同时，发现被调查人和涉案人员存在洗钱问题线索的，应当及时移交公安机关依法查处，并对调查、侦查工作进行统筹协调。

三、外逃信息报告

《监察法实施条例》第二百四十条规定：“国家监

察委员会派驻或者派出的监察机构、监察专员和地方各级监察委员会发现监察对象出逃、失踪、出走，或者违法所得及其他涉案财产被转移至境外的，应当在二十四小时以内将有关信息逐级报送至国家监察委员会国际合作局，并迅速开展相关工作。”

关于报告主体。国家监委派驻或者派出监察机构、监察专员和地方各级监委是外逃信息的报告主体。

关于报告的情形。根据该条规定，监察对象出逃、失踪、出走，或者违法所得及其他涉案财产被转移至境外的，应当将有关信息逐级报送至国家监察委员会国际合作局。其中，“外逃”，是指监察对象涉嫌职务违法或者职务犯罪，已查明其潜逃国（境）外；“失踪”，是指监察对象出现失联情况，但尚未查明其逃往国（境）外；“出走”，是指未发现监察对象涉嫌职务违法或者职务犯罪，但其违规违法前往或者滞留国（境）外；“违法所得及其他涉案财产被转移至境外”，是指监察对象在境内，但将违法所得及其他涉案财产转移至境外。

关于报告时限和工作要求。包括两个方面内容：一是要求报告主体发现外逃信息后，在二十四小时以内将有关信息逐级报送至国家监委国际合作局。“先报告、再定性”是外逃信息报告的基本原则。各级监察机关在监督检查、调查工作中，务必要严格执行外逃信息报告制度，一旦发现需要报告的事项，必须按要求层报至国家监委国际合作局，由其协助采取必要措施，压缩外逃人员逃匿空间，切断资金外流渠道，为追逃追赃工作争取主动；在后续工作中发现人员外逃目的地，或者案件调查工作取得重要进展的，再补充详细报告。报告程序一般是逐级上报，最终由省级监察机关报至国家监委国际合作局。二是要求报告主体在向国家监委报告外逃信息后，迅速组织开展追逃追赃有关工作，主要包括第一时间部署采取边控或者阻止出境措施，查封、扣押、冻结涉案财产，防止相关人员出境外逃、向境外转移赃款，通过出入境、资金转移情况等核实相关人员是否出境，并在确认其外逃后采取综合性的追逃措施。

四、开展劝返工作

《监察法实施条例》第二百四十三条规定：“开展反腐败国际追逃追赃等涉外案件办理工作，应当把思想教育贯穿始终，落实宽严相济刑事政策，依法适用认罪认罚从宽制度，促使外逃人员回国投案或者配合调查、主动退赃。开展相关工作，应当尊重所在国家（地区）的法律规定。”

劝返工作是政治性、政策性很强的工作，应当把握正确的政策、策略。监察机关开展劝返工作时要把思想教育贯穿始终，落实宽严相济刑事政策，依法适用认罪认罚从宽制度，有利于通过思想教育、法律震慑和政策感召，促使外逃人员回国投案或者配合调查、主动退赃。各级监察机关派员赴境外开展相关工作，必须严格按规定向国家监委请示报告，由国家监委与外方有关机构进行沟通协调，以双方认可的方式实施。经批准赴境外开展工作的，要充分遵守国际规则和相关国家法律，严禁在境外开展单方面的执法活动。这是反腐败国际合作中尊重他国主权的基本要求。

五、外逃人员归案、涉案财产追缴后处置

《监察法实施条例》第二百四十四条规定："外逃人员归案、违法所得及其他涉案财产被追缴后，承办案件的监察机关应当将情况逐级报送国家监察委员会国际合作局。监察机关应当依法对涉案人员和违法所得及其他涉案财产作出处置，或者请有关单位依法处置。对不需要继续采取相关措施的，应当及时解除或者撤销。"

处置涉案人员和财产的规定，包括两种情形：第一，监察机关依法直接作出处置。对涉案的公职人员和相关人员，监察机关按照管理权限依法给予政务处分、移送审查起诉等处置；对违法所得及其他涉案财产，依法予以没收、追缴或者责令退赔，对涉嫌犯罪取得的财物，在移送起诉时随案移送人民检察院。第二，请有关单位依法处置。涉案人员和涉案财产的处置权限属于其他单位的，监察机关应当请有关单位依法处置。

第三节　对外合作

《监察法实施条例》第六章第三节对对外合作进行了专节规定。

一、办理红色通报

《监察法实施条例》第二百四十五条规定，监察机关对依法应当留置或者已经决定留置的外逃人员，需要申请发布国际刑警组织红色通报的，应当逐级报送国家监察委员会审核。国家监察委员会审核后，依法通过公安部向国际刑警组织提出申请。需要延期、暂停、撤销红色通报的，申请发布红色通报的监察机关应当逐级报送国家监察委员会审核，由国家监察委员会依法通过公安部联系国际刑警组织办理。

红色通报，是国际刑警组织应其成员国请求发布的，请求其他成员国查找被通缉人员下落和采取临时羁押措施，以便对被通缉人员实施引渡、移交或者类似法律措施的一种国际通报。该条规定监察机关可以将办理红色通报作为开展反腐败执法合作的重要措施，并明确了相关程序和工作要求。

申请发布红色通报，需要重点注意两个方面内容：一是适用对象。监察机关申请发布红色通报的适用对象为依法应当留置或者已经决定留置的外逃人员。二是办理程序。监察机关申请发布红色通报的，应当按照有关要求填写申请表，准备相关文书材料，并逐级报送国家监委审核。国家监委审核后，依法通过公安部向国际刑警组织提出申请。

办理红色通报后，应当注意其有效期，及时提出延期申请；因工作需要暂停红色通报的，应当提前申请暂停；外逃人员因归案或者死亡等原因不需要继续发布红色通报的，应当及时申请撤销。在办理程序上，均由地方监察机关将申请的请示逐级报送国家监委，国家监委通过公安部向国际刑警组织申请办理。

二、通过引渡方式办理涉外案件

《监察法实施条例》第二百四十六条规定，地方各级监察机关通过引渡方式办理相关涉外案件的，应当按照引渡法、相关双边及多边国际条约等规定准备引渡请求书及相关材料，逐级报送国家监察委员会审核。由国家监察委员会依法通过外交等渠道向外国提出引渡请求。

《监察法实施条例》明确了监察机关通过引渡方式办理涉外案件的职责分工和工作要求。主要内容包括两个方面：一是地方各级监察机关的职责，包括准备引渡请求书及相关材料，逐级报送国家监委审核。二是国家监委的职责，包括审核引渡请求书及相关材料，通过外交等渠道向外国提出引渡请求。

三、通过刑事司法协助方式办理涉外案件

《监察法实施条例》第二百四十七条规定，地方各级监察机关通过刑事司法协助方式办理相关涉外案件的，应当按照国际刑事司法协助法、相关双边及多边国际条约等规定准备刑事司法协助请求书及相关材料，逐级报送国家监察委员会审核。由国家监察委员会依法直接或者通过对外联系机关等渠道，向外国提出刑事司法协助请求。国家监察委员会收到外国提出的刑事司法协助请求书及所附材料，经审查认为符合有关规定的，作出决定并交由省级监察机关执行，或者转交其他有关主管机关。省级监察机关应当立即执行，或者交由下级监察机关执行，并将执行结果或者妨碍执行的情形及时报送国家监察委员会。在执行过程中，需要依法采取查询、调取、查封、扣押、冻结等措施或者需要返还涉案财物的，根据我国法律规定和国家监察委员会的执行决定办理有关法律手续。

关于向外国提出刑事司法协助请求的职责分工，具体包括两个方面内容：一是地方各级监察机关的职责。主要是准备刑事司法协助请求书及相关材料，逐级报送国家监察委员会审核。二是国家监委的职责。包括审核刑事司法协助请求书及相关材料，直接或者通过对外联系机关等渠道向外国提出刑事司法协助请求。需要说明

的是，国家监委作为对外联系机关，直接向外国提出刑事司法协助请求，主要是指国家监委作为《联合国反腐败公约》刑事司法协助中方中央机关即对外联系机关之一，有权直接以公约为依据，向其他缔约国提出刑事司法协助请求。

关于国家监委收到外国提出的刑事司法协助请求的处理规定，需要重点注意两个方面内容：一是国家监委审查外国提出的刑事司法协助请求书及所附材料并作出相应处理；二是地方监察机关执行外国刑事司法协助请求的工作要求。

四、通过执法合作方式办理涉外案件

《监察法实施条例》第二百四十八条规定，地方各级监察机关通过执法合作方式办理相关涉外案件的，应当将合作事项及相关材料逐级报送国家监察委员会审核。由国家监察委员会依法直接或者协调有关单位，向有关国家（地区）相关机构提交并开展合作。

执法合作，是指各国（地区）执法部门之间的对口合作，包括反腐败、警务、移民、反洗钱等机构间的合作。与正式的刑事司法协助相比，执法合作程序相对简单、效率较高，但范围较窄，主要是获取信息。

关于地方各级监察机关的职责。地方各级监察机关通过执法合作方式办理相关涉外案件的，应当将合作事项及相关材料逐级报送国家监察委员会审核。

关于国家监委的职责。国家监委对报送的材料审核后，根据合作事项的类别，依法直接或者协调公安部、国家移民管理局、中国人民银行等执法调查部门，向外逃人员所在地国家（地区）相关机构提交执法合作请求书等材料，请对方协助开展相关工作，如调取出入境、居留（签证）等信息，调取犯罪记录，调取公共信息等。

五、通过境外追诉方式办理涉外案件

《监察法实施条例》第二百四十九条规定，地方各级监察机关通过境外追诉方式办理相关涉外案件的，应当提供外逃人员相关违法线索和证据，逐级报送国家监察委员会审核。由国家监察委员会依法直接或者协调有关单位向有关国家（地区）相关机构提交，请其依法对外逃人员调查、起诉和审判，并商有关国家（地区）遣返外逃人员。

境外追诉，是指一国（地区）向外逃人员藏匿国（地区）提供其在藏匿国（地区）违法犯罪的线索和证据，由当地执法机关和司法机关对其进行调查、追诉、审判和执行刑罚。境外追诉需要中外执法司法部门高效配合，互通信息、协同行动。规定该条的主要目的，就是明确监察机关通过境外追诉方式办理涉外案件的职责分工和具体要求。

关于地方各级监察机关的职责。地方各级监察机关通过境外追诉方式办理涉外案件时，应当调查外逃人员涉嫌境内贪污贿赂等犯罪事实以及跨境转移赃款、移民欺诈等犯罪事实，固定证据材料，扎实做好境内基础工作。同时，将外逃人员相关违法线索和证据，逐级报送国家监委审核。

关于国家监委的职责。国家监委审核后，依法直接或者协调有关单位向外逃人员所在地国家（地区）相关机构提交，请其依据当地法律和我国监察机关提供的有关证据，对外逃人员调查、起诉和审判。外逃人员被定罪量刑后，国家监委应当依法直接或者协调有关单位，及时商有关国家（地区）将外逃人员遣返，递解回国接受我国法律制裁。

六、追缴境外违法所得及其他涉案财产途径

《监察法实施条例》第二百五十条规定，监察机关对依法应当追缴的境外违法所得及其他涉案财产，应当责令涉案人员以合法方式退赔。涉案人员拒不退赔的，可以依法通过下列方式追缴：（一）在开展引渡等追逃合作时，随附请求有关国家（地区）移交相关违法所得及其他涉案财产；（二）依法启动违法所得没收程序，由人民法院对相关违法所得及其他涉案财产作出冻结、没收裁定，请有关国家（地区）承认和执行，并予以返还；（三）请有关国家（地区）依法追缴相关违法所得及其他涉案财产，并予以返还；（四）通过其他

合法方式追缴。

资产追缴主要包括涉案人员以合法方式退赔和办案机关追缴两大类。该条分四项，分别规定了办案机关追缴资产的四种主要方式：

一是在开展引渡等追逃合作时，随附请求移交赃款赃物。针对携款外逃的涉嫌贪污贿赂等的公职人员，我国依据相关多边、双边国际条约或者基于互惠原则，向其所在地国家提出引渡等追逃请求时，一般会随附提出“移交赃款赃物”的请求，或者在引渡的同时开展追赃国际合作。

二是启动违法所得没收程序，请有关国家（地区）承认和执行国内法院冻结、没收裁定，返还赃款赃物。包括两方面内容：第一，提请司法机关启动违法所得没收程序，依法作出冻结、没收裁定。《监察法实施条例》第二百三十二条对相关程序作了具体规定。第二，请有关国家（地区）承认和执行国内法院没收违法所得裁定。根据《最高人民法院、最高人民检察院关于适用犯罪嫌疑人、被告人逃匿、死亡案件违法所得没收程序若干问题的规定》第二十三条规定，违法所得或者其他涉案财产在境外，受理没收违法所得申请案件的人民法院经审理裁定没收的，应当制作没收令以及协助执行没收令的请求函，层报最高人民法院后，由最高人民法院依照刑事司法协助条约、多边公约，或者按照对等互惠原则，向违法所得或者其他涉案财产所在地国家（地区）的主管机关请求协助执行。

三是请赃款赃物所在地国家（地区）依据其国内法启动追缴程序并予以返还。这种方式一般需通过刑事司法协助渠道提出，双方需商定具体返还安排。无论是《联合国反腐败公约》还是双边的刑事司法协助条约，均规定相关的合作事宜应“依据其本国法”或者“在法律允许范围内”开展，即条约的内容必须通过资产所在地国家（地区）的法律制度实施才能得到落实。因此，各国关于资产追缴的国内法律制度，是开展境外资产追缴工作的法律依据。监察机关请赃款赃物所在地国家（地区）依据国内法追缴赃款赃物后，应当及时与其协商返还相关违法所得及其他涉案财产的事宜。

四是其他合法方式。以兜底条款为其他合法的追赃方式留下制度空间，保障反腐败国际追赃工作顺利推进。

第七章　对监察机关和监察人员的监督

习近平总书记指出，监察权是把双刃剑，也要关进制度的笼子，自觉接受党和人民监督，行使权力必须十分谨慎。2018 年制定《监察法》，在第七章专章规定了对监察机关和监察人员的监督，构建系统化全方位的监督机制。在此基础上，修改后的《监察法》在顶层制度设计上进一步突出对监察权的严格管理和约束，有针对性地完善相关监督制约机制。《监察法实施条例》也对监察机关和监察人员的监督进行了专章规定，体现了接受最严格的约束和监督的制度要求。

第一节　坚持党的领导和依法接受各方面监督

加强对监察机关及其工作人员的监督，是监察法律法规的重要制度价值。监察权是重要的公权力，必须受到严格监督，依法行使。《监察法实施条例》第二百五十一条规定，监察机关和监察人员必须自觉坚持党的领导，在党组织的管理、监督下开展工作，依法接受本级人民代表大会及其常务委员会的监督，接受民主监督、司法监督、社会监督、舆论监督，加强内部监督制约机制建设，确保权力受到严格的约束和监督。

一是自觉坚持党的领导。党的领导职责中必然包含监督职责，党组织对监察机关的监督是第一位的监督、主导性的监督。监察机关和监察人员必须自觉坚持党的领导，在党组织的管理、监督下开展工作，及时向同级党委汇报工作，对于监督、执法中的重大事项、重要问题进行请示报告。

二是依法接受人大及其常委会的监督，自觉接受民主监督、司法监督、社会监督、舆论监督。《监察法实施条例》在《监察法》有关规定的基础上，对监察机关接受各方面监督的内容作了充实，进一步完善对监察机关和监察人员的监督制约机制。在监督的种类方面，《监察法实施条例》增加规定接受"司法监督"。这符合坚持和完善党和国家监督体系的要求，也是贯彻宪法、落实《监察法》相关规定的具体体现，与《监察法实施条例》总则、监察权限和监察程序等有关章节中的具体内容相互呼应。在如何接受监督方面，将《监察法》关于监察机关接受"人大监督、民主监督、社会监督、舆论监督”的原则性规定落实落细，提出更加具体、具有可操作性的要求。

三是加强内部监督制约机制建设。在合署办公体制下，纪检监察机关既对党组织和党员开展监督，又对行使公权力的公职人员实施监察。只有切实加强监察机关内部监督，自觉接受各方面监督，才能确保党和人民赋予的权力不被滥用，惩恶扬善的利剑永不蒙尘。监察机关要加大严管严治、自我净化力度，针对自身权力运行机制和管理监督体系的薄弱环节，扎紧织密制度笼子，坚决防止“灯下黑”。

第二节　接受人大及其常委会监督

监察委员会由人大产生，理应对其负责，受其监督。《监察法》第六十条第一款规定：“各级监察委员会应当接受本级人民代表大会及其常务委员会的监督。”第二款规定：“各级人民代表大会常务委员会听取和审议本级监察委员会的专项工作报告，组织执法检查。”第三款规定：“县级以上各级人民代表大会及其常务委员会举行会议时，人民代表大会代表或者常务委员会组成人员可以依照法律规定的程序，就监察工作中的有关问题提出询问或者质询。”

《监察法实施条例》对监察委员会接受本级人大及其常委会监督进行了细化规定。

一、向人大常委会报告专项工作

《监察法实施条例》第二百五十二条规定，各级监察委员会应当按照监察法第五十三条（注：修改后的《监察法》第六十条）第二款规定，由主任在本级人民代表大会常务委员会全体会议上报告专项工作。在报告专项工作前，应当与本级人民代表大会有关专门委员会沟通协商，并配合开展调查研究等工作。各级人民代表大会常务委员会审议专项工作报告时，本级监察委员会应当根据要求派出领导成员列席相关会议，听取意见。各级监察委员会应当认真研究办理本级人民代表大会常务委员会反馈的审议意见，并按照要求书面报告办理情况。

关于各级监委向本级人大常委会全体会议报告专项工作，主要包括三个方面的要求：第一，作专项工作报告的具体人员是各级监委主任；第二，报告场合是各级人大常委会全体会议；第三，报告方式是现场报告，而不是书面报告。

关于报告专项工作的程序。一是做好准备阶段工作，各级监委将选题报请批准后，深入开展调研，起草报告初稿，以书面或者座谈方式听取和征求相关部门、下级监委，以及特约监察员、专家学者等的意见；根据各方面意见对报告进行研究修改，送本级人大有关专门委员会征求意见，并配合开展调研、座谈等工作，进一步修改完善报告，经批准后提交本级人大常委会。二是做好正式报告阶段工作，主要是在监委主任报告专项工作后，人大常委会组织分组审议报告时，各级监委派出领导成员到会听取意见。

关于对审议意见的办理要求，实践中应重点把握两个方面内容：一是各级监委要认真研究办理本级人大常委会提出的审议意见，制定工作方案和任务清单，明确责任单位和具体措施，抓好整改落实；二是将办理情况形成书面报告，经批准后提交本级人大常委会。

二、接受人大常委会执法检查

《监察法实施条例》第二百五十三条规定，各级监察委员会应当积极接受、配合本级人民代表大会常务委员会组织的执法检查。对本级人民代表大会常务委员会的执法检查报告，应当认真研究处理，并向其报告处理情况。

《监察法实施条例》以《监察法》的相关规定为基础，按照《中华人民共和国各级人民代表大会常务委员会监督法》（以下简称《人大常委会监督法》）的立法精神和原则，进一步规定对本级人大常委会的执法检查报告，各级监委应当认真研究处理，并向其报告处理情况，体现了自觉接受监督的态度。

三、在人大常委会会议回答询问和依法答复质询案

《监察法实施条例》第二百五十四条规定，各级监察委员会在本级人民代表大会常务委员会会议审议与监察工作有关的议案和报告时，应当派相关负责人到会听取意见，回答询问。监察机关对依法交由监察机关答复的质询案应当按照要求进行答复。口头答复的，由监察机关主要负责人或者委派相关负责人到会答复。书面答复的，由监察机关主要负责人签署。

《人大常委会监督法》规定，各级人大常委会会议审议议案和有关报告时，本级人民政府或者有关部门、监察委员会、人民法院或者人民检察院应当派有关负责人员到会，听取意见，回答询问；各级人大常委会组成人员可以按规定联名提出质询案，并对质询案的答复形式、答复人等提出要求。

第三节　接受外部监督和特约监察员制度

要加强对权力运行的制约和监督，让人民监督权力，让权力在阳光下运行，把权力关进制度的笼子。监察机关依法公开监察工作信息，接受民主监督、社会监督、舆论监督，以及特约监察员监督，是《监察法》

规定的监察机关的法定义务。

一、监察机关接受外部监督

《监察法》第六十一条规定了监察机关接受外部监督："监察机关应当依法公开监察工作信息，接受民主监督、社会监督、舆论监督。"

依法公开监察工作信息。各级监察委员会应当进一步建立健全监察工作信息发布机制，在主流媒体和主要网站第一时间发布监察工作信息，主动公开工作流程，自觉接受人民群众和新闻媒体监督。尤其是对于社会广泛关注、涉及人民群众切身利益的重大案件查办等工作，监察机关要严格执行有关规定，及时将有关情况向社会公开。

接受民主监督、社会监督、舆论监督。民主监督一般是指人民政协或者各民主党派等主体对监察机关及其工作人员的工作进行的监督。社会监督一般是指公民、法人或其他组织对监察机关及其工作人员的工作进行的监督。舆论监督一般是指社会各界通过广播、影视、报纸、杂志、网络等传播媒介，发表自己的意见和看法，形成舆论，对监察机关及其工作人员的工作进行的监督。增强党自我净化能力，根本靠强化党的自我监督和群众监督。要把监察机关的自我监督与民主监督、社会监督、舆论监督有机结合起来，形成发现问题、纠正偏差的有效机制，构建日臻完善的监督和制衡体系，把监察机关的权力关进制度的笼子里。

需要注意的是，这些监督应当在法律规定的范围内进行。依法监督与非法干预不能混为一谈。监察机关依法独立行使监察权正是针对行政机关、社会团体或个人的非法干预而言的。这是监察机关履行监察职能的重要保证。在实际工作中，监察机关要注意把民主监督、社会监督与舆论监督同无理干扰、非法干涉区别开来，自觉地接受各方面的监督，从而保证监察职权的正确行使。

二、特约监察员制度

《监察法》第六十二条规定："监察机关根据工作需要，可以从各方面代表中聘请特约监察员。特约监察员按照规定对监察机关及其工作人员履行职责情况实行监督。"《监察法实施条例》第二百五十六条规定，各级监察机关可以根据工作需要，按程序选聘特约监察员履行监督、咨询等职责。特约监察员名单应当向社会公布。监察机关应当为特约监察员依法开展工作提供必要条件和便利。

以上规定明确了监察机关聘请特约监察员及其职责这一制度。实践中应当注意以下三个方面：

一是关于特约监察员的条件。通常情况下，特约监察员应当具备以下条件：坚持中国共产党领导和拥护党的路线、方针、政策，走中国特色社会主义道路，遵守中华人民共和国宪法和法律、法规，具有中华人民共和国国籍；有较高的业务素质，具备与履行职责相应的专业知识和工作能力，在各自领域有一定代表性和影响力；热心全面从严治党、党风廉政建设和反腐败工作，有较强的责任心，认真履行职责，热爱特约监察员工作；坚持原则、实事求是，密切联系群众，公正廉洁、作风正派，遵守职业道德和社会公德；身体健康。同时，对受到党纪处分、政务处分、刑事处罚的人员，以及其他不适宜担任特约监察员的人员，不得聘请为特约监察员。

二是关于特约监察员的聘请。各级监察机关可以根据工作需要，会同有关部门、单位提出特约监察员推荐人选，并征得被推荐人所在单位及本人同意；会同有关部门、单位对特约监察员推荐人选进行考察；经对考察情况进行研究，确定聘请特约监察员人选；聘请人选名单及意见抄送特约监察员所在单位及推荐单位，并在监察机关组织人事部门予以备案；召开聘请会议，颁发聘书，向社会公布特约监察员名单。特约监察员每届任期与监察机关本届领导班子任期相同，连续任职一般不得超过两届；特约监察员受聘期满自然解聘。特约监察员受到党纪处分、政务处分、刑事处罚；因工作调整、健康状况等原因不宜继续担任特约监察员；本人申请辞任特约监察员；无正当理由连续一年不履行特约监察员职责和义务；有其他不宜继续担任特约监察员的情形的，监察机关商推荐单位予以解聘，由推荐单位书面通知本人及所在单位。

三是关于特约监察员的职责。特约监察员主要承担以下职责：对监察机关及其工作人员履行职责情况进行监督，提出加强和改进监察工作的意见、建议；对制定监察法律法规、出台重大政策、起草重要文件、提出监察建议等提供咨询意见；参加监察机关组织的调查研究、监督检查、专项工作；宣传监察工作的方针、政策和成效；办理监察机关委托的其他事项。

第四节　强化内部监督

习近平总书记强调，历史使命越光荣，奋斗目标越宏伟，执政环境越复杂，越要从严治党。从严治党是全面的，监察机关采取设立内部专门的监督机构、创设禁闭措施等方式，就是为了解决自我监督问题。

一、监察机关内部监督总体规定

《监察法》第六十三条规定："监察机关通过设立内部专门的监督机构等方式，加强对监察人员执行职务和遵守法律情况的监督，建设忠诚、干净、担当的监察队伍。"

关于内部监督方式。信任不能代替监督，严管就是厚爱。权力越大，风险也就越大，越要受到严格监督。监察委员会要加强自身建设，严格审批程序和内控制度，通过设立干部监督室等内部专门的监督机构，市地级以上监察机关探索日常监督和案件调查部门分设，问题线索处置、调查、审理各部门建立相互协调、相互制约的工作机制等方式，不断强化自我监督。同时，《监察法》对强化监察委员会的自我监督作了一系列制度规定。《监察法》的立法说明对加强监察委员会的自我监督作了阐释，《监察法》与党的纪律检查机关监督执纪工作规则相衔接，将实践中行之有效的自我监督做法上升为法律规范。

关于内部监督内容。监察机关对监察人员进行内部监督的主要内容是监察人员执行职务和遵守法律情况。“执行职务”，是指监察人员代表监察机关行使职权、履行法定义务，其行为产生的法律后果由监察机关负责。“遵守法律”，是对监察人员的一般要求，不论是执行职务还是日常生活中，监察人员都应模范遵守国家法律法规。

关于内部监督目的。习近平总书记强调，执纪者必先守纪，律人者必先律己，要求纪检监察干部做到忠诚坚定、担当尽责、遵纪守法、清正廉洁。忠诚干净担当是打铁必须自身硬的具体化，是每一位监察人员的基本标准。监察人员必须从严要求自己，做到政治忠诚、本人干净、敢于担当。

二、监察机关对涉嫌严重职务违法或者职务犯罪监察人员采取禁闭措施

《监察法》第六十四条第一款规定："监察人员涉嫌严重职务违法或者职务犯罪，为防止造成更为严重的后果或者恶劣影响，监察机关经依法审批，可以对其采取禁闭措施。禁闭的期限不得超过七日。"第二款规定："被禁闭人员应当配合监察机关调查。监察机关经调查发现被禁闭人员符合管护或者留置条件的，可以对其采取管护或者留置措施。"第三款规定："本法第五十条的规定，适用于禁闭措施。"

2023 年，在党中央统一部署下，开展了全国纪检监察干部队伍教育整顿。在 2024 年修改《监察法》过程中，增加规定监察人员涉嫌严重职务违法或者职务犯罪，为防止造成更为严重的后果或者恶劣影响，监察机关可以对其采取禁闭措施。这一规定是巩固深化全国纪检监察干部队伍教育整顿成果的重要举措，体现对监察人员从严监督和约束，推动常态化清除害群之马，永葆忠诚干净担当、敢于善于斗争的铁军本色。

关于禁闭的适用情形。禁闭适用于监察人员涉嫌严重职务违法或者职务犯罪的特定情况，且系为防止造成

更为严重的后果或者恶劣影响而采取。

三、监察人员在守法义务和业务能力等方面要求

《监察法》第六十五条规定：“监察人员必须模范遵守宪法和法律，忠于职守、秉公执法，清正廉洁、保守秘密；必须具有良好的政治素质，熟悉监察业务，具备运用法律、法规、政策和调查取证等能力，自觉接受监督。”

“模范遵守宪法和法律”，主要是指监察人员作为执法人员要做遵守宪法和法律的标杆。“忠于职守”，主要是指监察人员必须认真履行职责，坚守工作岗位，恪尽职守。“秉公执法”，主要是指监察人员在履行职责中应实事求是，正确运用权力，客观、公正地执行国家法律。“清正廉洁”，主要是指监察人员在履行职责过程中必须廉洁奉公，不利用职权谋取个人私利。“保守秘密”，主要是要求监察人员必须牢固树立保守党和国家秘密的观念，严格遵守保密法律和纪律，严守有关保密工作的规定。“具有良好的政治素质”，主要是指监察人员要增强“四个意识”，提高政治觉悟、严守政治纪律，与党中央保持高度一致，坚决维护党中央权威。“熟悉监察业务”，主要是指监察人员必须掌握监察专业知识及相关业务知识。“具备运用法律、法规、政策和调查取证等能力”，主要是指监察人员必须掌握相关法律、法规、政策知识，并善于在调查取证等工作

中加以运用。“自觉接受监督”，主要是指监察人员要坚定理想信念，提高政治站位，充分认识严管就是厚爱，把监督当成一种关心、爱护和保护，增强遵纪守法的自觉性，用实际行动证明，监察人员队伍是一支党和人民信得过、靠得住的队伍。

四、监察人员素质总体要求

《监察法实施条例》第二百五十七条规定，监察机关实行严格的人员准入制度，严把政治关、品行关、能力关、作风关、廉洁关。监察人员必须忠诚坚定、担当尽责、遵纪守法、清正廉洁。

该条规定是对《监察法》第六十五条规定的进一步细化和发展完善，同时与《监察官法》保持了衔接协调。

监察机关严格人员准入制度，是提升监察人员整体素质，建设高素质专业化监察队伍，切实履行好职责使命的重要保障。监察机关作为党领导的政治机关、行使国家监察职能的专责机关，与纪律检查机关实行合署办公，实行严格的人员准入制度第一位的要求是政治过硬，把对党忠诚作为首要政治原则、首要政治本色、首要政治品质。这是基础，也是前提。

“忠诚坚定、担当尽责、遵纪守法、清正廉洁”，是习近平总书记对广大纪检监察干部提出的明确要求。

这一要求内涵非常丰富，涵盖了政治过硬，本领高强，严格依规依纪依法，行使权力慎之又慎、自我约束严之又严等一系列内容，是监察人员正确履行职责的基本遵循。同时，《监察法实施条例》第二百五十七条规定的内容与《监察法》第六十五条的规定一脉相承，体现了对监察工作人员高标准、严要求的一贯精神。

五、监察机关内部协调制约机制

《监察法实施条例》第二百五十八条规定，监察机关应当建立监督检查、调查、案件监督管理、案件审理等部门相互协调制约的工作机制。监督检查和调查部门实行分工协作、相互制约。监督检查部门主要负责联系地区、部门、单位的日常监督检查和对涉嫌一般违法问题线索处置。调查部门主要负责对涉嫌严重职务违法和职务犯罪问题线索进行初步核实和立案调查。案件监督管理部门负责对监督检查、调查工作全过程进行监督管理，做好线索管理、组织协调、监督检查、督促办理、统计分析等工作。案件监督管理部门发现监察人员在监督检查、调查中有违规办案行为的，及时督促整改；涉嫌违纪违法的，根据管理权限移交相关部门处理。

关于案件监督管理部门的监督管理职责。案件监督管理部门负责对监督检查、调查工作全过程进行监督管理，具体承担线索管理、组织协调、监督检查、督促办理、统计分析等工作。“线索管理”，主要是指按规定承担问题线索的集中管理、动态更新、定期汇总核对等工作，做到底数清、情况明，对问题线索实施有效管控，确保不留死角。“组织协调”，主要是指负责归口管理调查工作中与有关部门的联系协调事项。“监督检查”，主要是指负责对承办部门问题线索处置、措施使用管理以及涉案财物管理等情况进行日常监督和专项检查。

关于案件监督管理部门发现监察人员在监督检查、调查中有违规办案行为的处理机制。案件监督管理部门及时督促整改发现的违规办案行为，有利于堵塞漏洞，将各项制度要求落实落地，有效防范、化解、管控违规办案风险，确保监督检查、调查工作合规依法开展。案件监督管理部门对于违规办案行为涉嫌违纪违法的，根据管理权限移交相关部门处理。这里的“管理权限”，主要是指监察人员的干部管理权限；“移交相关部门处理”，主要是指移交监察机关内设机关党委、纪委和干部监督部门等机构进行严肃处理。

六、内部监督检查、案件质量评查

《监察法实施条例》第二百五十九条规定，监察机关应当对监察权运行关键环节进行经常性监督检查，适时开展专项督查。案件监督管理、案件审理等部门应当按照各自职责，对问题线索处置、调查措施使用、涉案财物管理等进行监督检查，建立常态化、全覆盖的案件质量评查机制。

实践中，需要注意把握三个方面内容：一是将监督方式进一步细化为经常性监督检查和专项督查，将监督内容进一步界定为监察权运行关键环节。“经常性监督检查”，主要是指通过信息报送、台账管理、网络平台、现场检查、日常抽查、情况通报等方式进行常态化监督检查；“专项督查”，主要是指根据工作实际和突出风险，就某一方面或者在某一阶段就特定事项开展监督检查。二是明确要求案件监督管理部门、案件审理部门应当结合各自职责，将问题线索处置、调查措施使用、涉案财物管理等内容作为监督检查的重点。三是建立常态化、全覆盖的案件质量评查机制。案件审理等部门可以通过确立科学规范的案件质量评查标准，依托案件审理、报批、备案等工作，建立常态化的日常检查和评查机制；针对影响案件质量的重点难点问题，不定期进行专项检查。

七、对监察人员监督

《监察法实施条例》第二百六十条规定，监察机关应当加强对监察人员执行职务和遵纪守法情况的监督，按照管理权限依法对监察人员涉嫌违法犯罪问题进行调查处置。

关于监督内容，《监察法实施条例》第二百六十条在《监察法》第六十三条规定基础上，进一步完善对监察人员监督的内涵，将监察人员遵纪守法情况一体纳入监督范围。这里的“遵纪守法”，不仅包括在履行工作职责方面的遵纪守法，也包括在社会生活当中的遵纪守法。

八、对调查过程监督

《监察法实施条例》第二百六十一条规定，监察机关及其监督检查、调查部门负责人应当定期检查调查期间的录音录像、谈话笔录、涉案财物登记资料，加强对调查全过程的监督，发现问题及时纠正并报告。

调查作为监察权运行的关键环节和使用监察措施的集中阶段，是内部监督的重点。监督检查、调查部门负责人直接参与和管理案件调查工作，必须坚持权责一致，履行好“第一责任人”职责，加强对调查人员的教育管理。该条明确规定监察机关特别是监督检查、调查部门负责人的责任，强调通过定期检查调查期间的录音录像、谈话笔录、涉案财物登记资料等重要资料，加强对职务违法犯罪调查全过程的监督，及时纠正发现的问题，并按照权限和程序报告，进一步将监督管理责任落实落细。

九、办理监察事项报告备案

《监察法》第六十六条第一款规定：“对于监察人员打听案情、过问案件、说情干预的，办理监察事项的监察人员应当及时报告。有关情况应当登记备案。”第二款规定：“发现办理监察事项的监察人员未经批准接触被调查人、涉案人员及其特定关系人，或者存在交往情形的，知情人应当及时报告。有关情况应当登记备案。”

规定该条的主要目的是完善过程管控制度，避免出现跑风漏气、以案谋私、办人情案等问题。这既是对监察人员的严格要求，也是真正的关心爱护。

需要注意的是，对于上述违法干预案件、接触相关人员的监察人员，应当依法给予政务处分；是党员的，要依照《中国共产党纪律处分条例》追究党纪责任。构成犯罪的，还应当依法追究刑事责任。

第五节　监察回避制度

一、《监察法》关于回避制度的规定

《监察法》第六十七条规定：“办理监察事项的监察人员有下列情形之一的，应当自行回避，监察对象、检举人及其他有关人员也有权要求其回避：（一）是监察对象或者检举人的近亲属的；（二）担任过本案的证人的；（三）本人或者其近亲属与办理的监察事项有利害关系的；（四）有可能影响监察事项公正处理的其他

情形的。”

关于回避的类型。监察人员实行回避的类型主要有两种：一是自行回避。监察人员知道自己具有应当回避情形的，主动向所在机关提出回避的申请。二是申请回避。“监察对象、检举人及其他有关人员也有权要求其回避”，主要是指监察人员明知自己应当回避而不自行回避或者不知道、不认为自己具有应当回避的情形，因而没有自行回避的，监察对象、检举人及其他有关人员有权要求他们回避。对于监察人员应当回避而拒不回避的，监察机关要对其进行提醒教育，情节严重的，要依照法律法规处理。

关于回避的情形。《监察法》第六十七条共规定了四种应当回避的情形：一是是监察对象或者检举人的近亲属的。这种情形是指监察人员是监察对象或者检举人的夫、妻、父、母、子、女、同胞兄弟姊妹。二是担任过本案的证人的。担任过本案的证人的人，既不能参与本案调查工作，也不能参与本案后续的工作，以避免出现不公正办案的情况。三是本人或者其近亲属与办理的监察事项有利害关系的。是指监察人员或者监察人员的夫、妻、父、母、子、女、同胞兄弟姊妹虽不是本案相关人，但本案的处理涉及他们的重大利益，或者存在可能影响案件公正处理的其他关系。四是有可能影响监察事项公正处理的其他情形的。这种情形主要包括以下几种：是监察对象、检举人及其他有关人员的朋友、亲戚；与监察对象有过恩怨；与监察对象有借贷关系；等等。上述情形只有在可能影响公正处理案件的情况下适用回避。比如，监察人员是监察对象的近亲属，应当无条件回避，但如果监察人员与监察对象是一种远亲的关系，则要看其是否可能影响公正处理案件才能决定回避与否。

二、《监察法实施条例》关于回避制度的规定

《监察法实施条例》第二百六十三条第一款规定："办理监察事项的监察人员有监察法第五十八条［注：修改后的《监察法》第六十七条］所列情形之一的，应当自行提出回避；没有自行提出回避的，监察机关应当依法决定其回避，监察对象、检举人及其他有关人员也有权要求其回避。"第二款规定："选用借调人员、看护人员、调查场所，应当严格执行回避制度。"

《监察法实施条例》第二百六十三条在《监察法》第六十七条规定基础上，进一步完善了回避制度的适用范围。其中，第二款规定了其他回避制度，这主要是考虑到选用借调人员、看护人员、调查场所同样与监察工作密切相关，可能存在需要回避的其他情形。借调人员直接参与监察工作，知晓监察工作事项，如果应当回避的不回避，可能引起监察对象或者社会公众对监察工作公正性的质疑。看护人员与被调查人近距离接触，负有

监管和保密职责，同样需要适用回避制度。调查场所的选用，也必须全面考虑被调查人的工作经历、社会关系等因素，存在回避情形的应当实行回避。

需要注意的是，《监察法实施条例》第二百六十三条规定的回避主体是“办理监察事项的监察人员”。实践中，适用回避制度的监察人员主要是指调查人员，但日常监督、审理等部门人员如果存在可能影响相关工作情形的，也应当依法回避。

第六节　保密制度

一、监察人员脱密期管理规定

《监察法》第六十八条第一款规定：“监察机关涉密人员离岗离职后，应当遵守脱密期管理规定，严格履行保密义务，不得泄露相关秘密。”《监察法实施条例》第二百六十八条规定：“监察机关涉密人员离岗离职后，应当遵守脱密期管理规定，严格履行保密义务，不得泄露相关秘密。”

监察工作涉及大量国家秘密和工作机密，要严格防范监察人员在工作中接触的秘密因为人员流动而流失，让保密责任与离岗离职的监察人员如影随形。相关人员要严格遵守保密法律和纪律，在脱密期内自觉遵守就业、出境等方面的限制性要求，有关部门和单位也要切实负起责任，加强对离岗离职后涉密人员的教育、管理和监督。

“脱密期管理”，主要指在一定期限内，从就业、出境等方面对离岗离职涉密人员采取限制措施，一般包括：与原机关签订保密承诺书，作出继续遵守保密义务、不泄露所知悉国家秘密的承诺；及时清退所持有和使用的国家秘密载体和涉密信息设备，并办理移交手续；未经审查批准，不得擅自出境；不得到境外驻华机构、组织或者外资企业工作；不得为境外组织人员或者外资企业提供劳务、咨询或者服务。

二、监察人员离任后从业限制规定

《监察法》第六十八条第二款规定：“监察人员辞职、退休三年内，不得从事与监察和司法工作相关联且可能发生利益冲突的职业。”《监察法实施条例》第二百六十九条规定，监察人员离任三年以内，不得从事与监察和司法工作相关联且可能发生利益冲突的职业。监察人员离任后，不得担任原任职监察机关办理案件的诉讼代理人或者辩护人，但是作为当事人的监护人或者近亲属代理诉讼或者进行辩护的除外。

法律对行政机关公务员、法官、检察官辞职后都有从业限制规定。监察人员掌握监察权，不仅要对监察人员在职期间的行为加以严格约束，而且也要对监察人员辞职、退休后的行为作出一定的限制，避免监察人员在职期间利用手中权力为他人谋取利益换取辞职、退休后的回报，或在辞职、退休后利用自己在原单位的影响力为自己谋取不当利益。需要注意的是，监察人员离任后的任何时间都不允许担任原任职监察机关办理案件的诉讼代理人或者辩护人，但可以作为当事人的监护人或者近亲属代理诉讼或者进行辩护。

第七节　申　　诉

申诉，是指监察对象对所受到的处理决定不服，提出申诉的活动。

一、申诉制度

《监察法》第六十九条第一款规定："监察机关及其工作人员有下列行为之一的，被调查人及其近亲属、利害关系人有权向该机关申诉：（一）采取强制到案、责令候查、管护、留置或者禁闭措施法定期限届满，不予以解除或者变更的；（二）查封、扣押、冻结与案件无关或者明显超出涉案范围的财物的；（三）应当解除查封、扣押、冻结措施而不解除的；（四）贪污、挪用、私分、调换或者违反规定使用查封、扣押、冻结的财物的；（五）利用职权非法干扰企业生产经营或者侵害企业经营者人身权利、财产权利和其他合法权益的；(六) 其他违反法律法规、侵害被调查人合法权益的行为。”第二款规定：“受理申诉的监察机关应当在受理申诉之日起一个月内作出处理决定。申诉人对处理决定不服的，可以在收到处理决定之日起一个月内向上一级监察机关申请复查，上一级监察机关应当在收到复查申请之日起二个月内作出处理决定，情况属实的，及时予以纠正。”

申诉是宪法规定的公民基本权利。监察机关采取相关调查措施过程中有以下六种情形，侵害被调查人的人身、财产权等合法权益的，被调查人及其近亲属、利害关系人有权申诉。

一是采取强制到案、责令候查、管护、留置或者禁闭措施法定期限届满，不予以解除或者变更的。《监察法》分别规定了强制到案、责令候查、管护、留置和禁闭措施的期限。如果超过上述规定期限，有关监察机关及其工作人员对被调查人不解除或者变更措施的，就属于《监察法》第六十九条第一款第一项规定的情形。

二是查封、扣押、冻结与案件无关或者明显超出涉案范围的财物的。查封、扣押、冻结是指《监察法》第二十八条规定的“监察机关在调查过程中，可以调取、查封、扣押用以证明被调查人涉嫌违法犯罪的财物、文件和电子数据等信息”和第二十六条规定的

"监察机关调查涉嫌贪污贿赂、失职渎职等严重职务违法或者职务犯罪，根据工作需要，可以依照规定查询、冻结涉案单位和个人的存款、汇款、债券、股票、基金份额等财产"。如果超出《监察法》规定的范围，任意查封、扣押、冻结与案件无关的财物，就属于《监察法》第六十九条第一款第二项规定的情形。

三是应当解除查封、扣押、冻结措施而不解除的。这是指监察机关采取查封、扣押、冻结措施后，按照《监察法》第二十八条中"查封、扣押的财物、文件经查明与案件无关的，应当在查明后三日内解除查封、扣押，予以退还"和第二十六条中"冻结的财产经查明与案件无关的，应当在查明后三日内解除冻结，予以退还"的规定，应当及时解除查封、扣押、冻结措施，否则就属于《监察法》第六十九条第一款第三项规定的情形。经查明确实与案件无关的财物、文件、财产，包括案件处置完毕或者司法程序完结后不需要追缴、没收的财物、文件、财产。

四是贪污、挪用、私分、调换或者违反规定使用查封、扣押、冻结的财物的。"贪污"一般是指监察机关及其工作人员将被查封、扣押、冻结的财物占为己有；"挪用"一般是指将该财物私自挪作他用；"私分"一般是指将该财物私下瓜分；"调换"一般是指将该财物以旧换新，或者换成低档品等；"违反规定使用"一般是指擅自将财物任意使用，如违规使用被扣押的车辆等。

五是利用职权非法干扰企业生产经营或者侵害企业经营者人身权利、财产权利和其他合法权益的。《监察法》第六十九条第一款第五项与第四十三条第三款规定进行了呼应，通过进行申诉，有利于进一步强化监察调查工作中对各类企业产权和企业经营者合法权益的保障。

六是其他违反法律法规、侵害被调查人合法权益的行为。《监察法》第六十九条第一款第六项是为了全面保护被调查人的合法权益设置的兜底条款。除了前五项规定的情形外，对于其他违法违规侵害被调查人合法权益的行为，被调查人及其近亲属、利害关系人也可以提出申诉。

被调查人及其近亲属、利害关系人对于监察机关及其工作人员具有前述情形之一的，可以向该机关提出申诉。受理申诉的监察机关应当在受理申诉之日起一个月内作出处理决定。上一级监察机关领导下一级监察机关的工作，申诉人对受理申诉的监察机关作出的处理决定不服的，可以在收到处理决定之日起一个月内向上一级监察机关申请复查，上一级监察机关应当在收到复查申请之日起二个月内作出处理决定，情况属实的，及时予以纠正。需要注意的是，监察机关不是行政机关，被调查人及其近亲属、利害关系人对于上一级监察机关复查结果不服的，不能提起行政复议或者行政诉讼。

二、申诉受理部门和办理要求

《监察法实施条例》第二百七十二条规定："被调查人及其近亲属认为监察机关及监察人员存在监察法第六十条［注：修改后的《监察法》第六十九条］第一款规定的有关情形，向监察机关提出申诉的，由监察机关案件监督管理部门依法受理，并按照法定的程序和时限办理。"

关于被调查人及其近亲属的申诉权。《监察法实施条例》第二百七十二条与《监察法》第六十九条第一款规定、《监察法实施条例》第七条要求相衔接，重申了被调查人及其近亲属对监察工作中的违法行为具有提出申诉的权利。

关于明确申诉受理部门和申诉办理要求。《监察法》未明确监察机关具体由哪个部门负责受理和办理申诉。考虑到监察机关案件监督管理部门负有对监察措施使用进行监督检查的职责，《监察法实施条例》将该部门规定为申诉受理和办理部门，使权利救济渠道和保障责任更加明确。

第八章　法律责任

《监察法》第八章规定了法律责任。该章共 6 条，包括第七十一条至第七十六条，其中，第七十一条规定了对拒不执行处理决定或者无正当理由拒不采纳监察建议给予处理，第七十二条规定了对阻碍、干扰监察工作的行为进行处理，第七十三条规定了对报复陷害和诬告陷害给予处理，第七十四条规定了对监察机关及其工作人员违法行使职权的责任追究，第七十五条规定了构成犯罪追究刑事责任，第七十六条规定了监察机关国家赔偿责任。

第一节　有关单位、有关人员、监察对象违法行为的法律责任

《监察法》第七十一条至第七十三条规定了有关单位、有关人员、监察对象违法行为的法律责任。作出这

些规定的主要目的是，保障监察机关作为行使国家监察职能的专责机关的权威性，克服和排除对监察机关依法行使权力的各种阻力和干扰，保证监察活动的顺利进行，保障公民的控告权和检举权，保证监察人员行使职权不受非法侵害。

一、拒不执行处理决定或者无正当理由拒不采纳监察建议的法律责任

《监察法》第七十一条规定："有关单位拒不执行监察机关作出的处理决定，或者无正当理由拒不采纳监察建议的，由其主管部门、上级机关责令改正，对单位给予通报批评；对负有责任的领导人员和直接责任人员依法给予处理。"

该条规定了两种违法行为的法律责任。一是有关单位拒不执行监察机关作出的处理决定的法律责任。监察机关作出的处理决定一经作出，即产生法律效力，具有强制性，监察对象及有关单位必须执行，并且要将执行的情况通报监察机关。监察对象对监察机关涉及本人的处理决定不服的，应当依照《监察法》第五十六条规定的法定程序提出。有关单位对监察机关作出的处理决定有异议的，应当依照法定程序提出。拒不执行处理决定的，应当依法承担相应的法律责任。《监察法实施条例》第二百七十四条对此作出细化规定，有关单位拒不

执行监察机关依法作出的下列处理决定的，应当由其主管部门、上级机关责令改正，对单位给予通报批评，对负有责任的领导人员和直接责任人员依法给予处理：（一）政务处分决定；（二）问责决定；（三）谈话提醒、批评教育、责令检查，或者予以诫勉的决定；（四）采取调查措施的决定；（五）复审、复核决定；（六）监察机关依法作出的其他处理决定。这里的“依法给予处理”，是指根据问题性质和情节轻重，进行谈话提醒、批评教育、责令检查、诫勉，给予处分、组织处理，以及依法追究其他法律责任。

二是有关单位无正当理由拒不采纳监察建议的法律责任。监察建议一般是指监察机关依据《监察法》第五十二条规定，在监督、调查、处置的基础上，对监察对象所在单位廉政建设和履行职责存在的问题等提出监察建议。对于监察机关提出的监察建议，监察对象及其所在单位如无正当理由，应当采纳，并且将采纳监察建议的情况通报给监察机关。监察对象所在单位未按照法定程序向监察机关提出异议，又拒不采纳监察建议的，应当追究所在单位及人员的法律责任。

需要注意的是，有关单位一旦发生上述违法行为，不但对单位要给予通报批评，对负有责任的领导人员和直接责任人员也要依法给予处理。

二、阻碍、干扰监察工作的行为的法律责任

《监察法》第七十二条规定："有关人员违反本法规定，有下列行为之一的，由其所在单位、主管部门、上级机关或者监察机关责令改正，依法给予处理：（一）不按要求提供有关材料，拒绝、阻碍调查措施实施等拒不配合监察机关调查的；（二）提供虚假情况，掩盖事实真相的；（三）串供或者伪造、隐匿、毁灭证据的；（四）阻止他人揭发检举、提供证据的；（五）其他违反本法规定的行为，情节严重的。"

该条列举了五项属于阻碍、干扰监察机关行使职权的违法行为。对于有下列行为的人员，由有关单位依据管理权限责令改正，依法给予处理。

一是不按要求提供有关材料，拒绝、阻碍调查措施实施等拒不配合监察机关调查的。这主要是指监察对象及相关人员有义务提供与监察事项有关的文件、资料、财务账目及其他有关材料和其他必要情况；不得故意拖延履行或者拒绝履行，也不得拒绝、阻碍搜查、留置等调查措施实施。

二是提供虚假情况，掩盖事实真相的。这主要是指在监察机关及其工作人员要求监察对象提供与违法犯罪行为有关的真实情况和违法犯罪事实时，故意提供虚假情况，或提供虚假证明，掩盖违法犯罪事实，意图阻碍监察机关调查，逃避法律追究。

三是串供或者伪造、隐匿、毁灭证据的。“串供”，包括监察对象与他人相互串通，捏造虚假口供，以逃避处罚的行为。“伪造、隐匿、毁灭证据”，包括有关人员编造虚假证据，提供虚假的事实证明，或者将能够证明案件真实情况的书证、物证或其他证据予以毁灭或者隐藏起来使其不能证明案件真实情况的行为。“伪造”证据，包括伪造、变造和篡改证据等。

四是阻止他人揭发检举、提供证据的。这主要是指监察对象通过种种方式为他人揭发检举、提供证据材料的行为设置障碍。

五是其他违反本法规定的行为，情节严重的。《监察法》第七十二条第五项是为了保障监察工作顺利开展设置的兜底条款。由于监察工作所涉及的事项纷繁复杂，阻碍、干扰监察工作的行为在立法上不可能穷尽。因此，在立法上留有余地，除了前四项规定的情形外，如果有阻碍、干扰监察机关行使职权的其他行为，情节严重的，也要予以处理。比如为同案人员通风报信，为同案人员窝藏、转移赃款、赃物等。

三、报复陷害和诬告陷害的法律责任

《监察法》第七十三条规定：“监察对象对控告人、检举人、证人或者监察人员进行报复陷害的；控告人、检举人、证人捏造事实诬告陷害监察对象的，依法给予处理。”

该条规定主要包括两个方面内容。一是监察对象对控告人、检举人、证人或者监察人员进行报复陷害。报复陷害包括监察对象滥用职权，假公济私，对控告人、检举人、证人或者监察人员实施报复陷害等行为。控告权、检举权是宪法赋予公民的基本权利。同时，监察人员在办理监察事项过程中，不可避免地会触动一些人的实际利益，会遇到一些人不同程度的抗拒，其中包括为了逃避制裁和出于受到制裁后的怨恨，而对监察人员进行报复陷害。监察对象对控告人、检举人、证人或者监察人员进行报复陷害的，应当依法给予政务处分；是党员的，依照《中国共产党纪律处分条例》追究党纪责任；构成犯罪的，依法追究刑事责任。《监察法实施条例》第二百七十五条对此作出细化规定，监察对象对控告人、申诉人、批评人、检举人、证人、监察人员进行打击、压制等报复陷害的，监察机关应当依法给予政务处分。构成犯罪的，依法追究刑事责任。

二是控告人、检举人、证人捏造事实诬告陷害监察对象。这主要是指控告人、检举人、证人捏造事实，告发陷害监察对象，意图使他受党纪政务处分或者刑事追究等行为。控告人、检举人、证人捏造事实诬告陷害监察对象，既包括以使监察对象受刑事追究为目的，也包括以败坏监察对象名誉、阻止监察对象得到某种奖励或者提升为目的而诬告其有违纪违法行为。对于控告人、检举人、证人诬告陷害监察对象的，应当依法给予政务处分；是党员的，依照《中国共产党纪律处分条例》追究党纪责任；构成犯罪的，依法追究刑事责任。《监察法实施条例》第二百七十六条对此作出细化规定，控告人、检举人、证人采取捏造事实、伪造材料等方式诬告陷害的，监察机关应当依法给予政务处分，或者移送有关机关处理。构成犯罪的，依法追究刑事责任。监察人员因依法履行职责遭受不实举报、诬告陷害、侮辱诽谤，致使名誉受到损害的，监察机关应当会同有关部门及时澄清事实，消除不良影响，并依法追究相关单位或者个人的责任。

第二节　监察机关及其工作人员违法行使职权行为的法律责任

为强化对监察机关及其工作人员依法行使职权的监督管理，维护监察机关的形象和威信，《监察法》和《监察法实施条例》规定了监察机关及其工作人员违法行使职权行为的法律责任。

一、监察机关及其工作人员违法行使职权的责任追究

《监察法》第七十四条规定：“监察机关及其工作

人员有下列行为之一的，对负有责任的领导人员和直接责任人员依法给予处理：（一）未经批准、授权处置问题线索，发现重大案情隐瞒不报，或者私自留存、处理涉案材料的；（二）利用职权或者职务上的影响干预调查工作、以案谋私的；（三）违法窃取、泄露调查工作信息，或者泄露举报事项、举报受理情况以及举报人信息的；（四）对被调查人或者涉案人员逼供、诱供，或者侮辱、打骂、虐待、体罚或者变相体罚的；（五）违反规定处置查封、扣押、冻结的财物的；（六）违反规定发生办案安全事故，或者发生安全事故后隐瞒不报、报告失实、处置不当的；（七）违反规定采取强制到案、责令候查、管护、留置或者禁闭措施，或者法定期限届满，不予以解除或者变更的；（八）违反规定采取技术调查、限制出境措施，或者不按规定解除技术调查、限制出境措施的；（九）利用职权非法干扰企业生产经营或者侵害企业经营者人身权利、财产权利和其他合法权益的；（十）其他滥用职权、玩忽职守、徇私舞弊的行为。”

该条列举了十项属于监察机关及其工作人员违法行使职权的行为。

一是未经批准、授权处置问题线索，发现重大案情隐瞒不报，或者私自留存、处理涉案材料。问题线索一般是指监察机关在查办案件中，有关涉案人交代、检举、揭发的被调查人以外的其他监察对象违法犯罪问题线索，以及被调查人交代、检举、揭发的其他监察对象不涉及本案的违法犯罪问题线索等。监察机关对监察对象的问题线索，应当按照有关规定分类办理。监察机关及其工作人员在工作中发现重大案情应当按照要求及时上报，不得隐瞒。涉案材料包括在案件调查过程中形成的，与案件有关的所有书面资料、图片、声像资料，以及留存在电脑、移动硬盘等存储介质中的电子资料。涉案材料应当按照有关规定严格管理。

二是利用职权或者职务上的影响干预调查工作、以案谋私。这种情形主要包括监察机关及其工作人员，利用职权或者职务上的影响力，在线索处置、日常监督、调查、审理和处置等各环节打听案情、过问案件、说情干预，通过案件谋求私利等。

三是违法窃取、泄露调查工作信息，或者泄露举报事项、举报受理情况以及举报人信息。违法窃取、泄露调查工作信息，一般是指监察机关及其工作人员违法窃取其不应掌握的调查工作信息，或者向被调查人员或相关人员泄露其在工作中掌握的调查信息等。泄露举报事项、举报受理情况以及举报人信息，一般是指监察机关及其工作人员向被举报人员或相关人泄露举报事项、举报受理情况以及举报人信息等。

四是对被调查人逼供、诱供，或者侮辱、打骂、虐待、体罚或者变相体罚。这种情形下，被调查人往往迫于压力或者在被欺骗情况下提供相关口供，虚假的可能性非常大，容易造成错案。而且侮辱、打骂、虐待、体罚或者变相体罚等也侵害了被调查人的身心健康，不符合法治要求。

五是违反规定处置查封、扣押、冻结的财物。对调取、查封、扣押的财物、文件、电子数据，监察机关应当设立专用账户、专门场所、专门存储设备，确定专门人员妥善保管，严格履行交接、调取手续，定期对账核实，不得毁损或者用于其他目的。对价值不明物品应当及时鉴定，专门封存保管。如果擅自将财物任意使用，如违规使用被扣押的车辆等，就属于违反规定处置查封、扣押、冻结的财物的行为，应当依法处理。

六是违反规定发生办案安全事故，或者发生安全事故后隐瞒不报、报告失实、处置不当。监察机关在办案期间要严格依法依规，保障办案安全，对于发生被调查人死亡、伤残、逃跑等安全事故的，应当认真应对、妥善处置、及时报告。对于在办案过程中有失职渎职等违法犯罪行为，违反规定发生办案安全事故，或者发生安全事故后隐瞒不报、报告失实、处置不当的，视情节轻重，依照有关规定追究有关单位领导和相关责任人员的责任；涉嫌犯罪的，移送司法机关处理。

七是违反规定采取强制到案、责令候查、管护、留置或者禁闭措施，或者法定期限届满，不予以解除或者变更。2018 年《监察法》赋予监察机关留置措施，修改后的《监察法》赋予监察机关强制到案、责令候查和管护三项监察强制措施，同时突出对监察权的严格管理和约束，坚决防治“灯下黑”，新增禁闭监察措施。对违反规定采取强制到案、责令候查、管护、留置或者禁闭措施，或者法定期限届满，不予以解除或者变更等违反规定的行为，应当依法追究相关人员的法律责任。

八是违反规定采取技术调查、限制出境措施，或者不按规定解除技术调查、限制出境措施。《监察法》第三十一条规定，监察机关调查涉嫌重大贪污贿赂等职务犯罪，根据需要，经过严格的批准手续，可以采取技术调查措施，按照规定交有关机关执行。批准决定应当明确采取技术调查措施的种类和适用对象，自签发之日起三个月以内有效；对于复杂、疑难案件，期限届满仍有必要继续采取技术调查措施的，经过批准，有效期可以延长，每次不得超过三个月。对于不需要继续采取技术调查措施的，应当及时解除。《监察法》第三十三条规定，监察机关为防止被调查人及相关人员逃匿境外，经省级以上监察机关批准，可以对被调查人及相关人员采取限制出境措施，由公安机关依法执行。对于不需要继续采取限制出境措施的，应当及时解除。对于违反规定采取技术调查、限制出境措施，或者不按规定解除技术调查、限制出境措施的，应当依法追究相关人员的法律责任。

九是利用职权非法干扰企业生产经营或者侵害企业经营者人身权利、财产权利和其他合法权益。修改后的《监察法》增加一项，规定利用职权非法干扰企业生产经营或者侵害企业经营者人身权利、财产权利和其他合法权益的法律责任，进一步强化监察调查工作中对各类企业产权和企业经营者合法权益的保障，以避免或者尽量减少对企业正常生产经营活动的影响。

十是其他滥用职权、玩忽职守、徇私舞弊的行为。除了前述情形外，对于监察机关及其工作人员在行使职权过程中其他滥用职权、玩忽职守、徇私舞弊的行为，也应当追究其相应法律责任。“滥用职权”，主要是指监察人员违反法律法规的规定或者超越法定职责范围行使职权。“徇私舞弊”，主要是指监察人员为了私利，用欺骗或者其他不正当方式违法犯罪的行为。“玩忽职守”，主要是指监察人员严重不负责任、不履行或者不正确履行法定职责，致使国家、集体和人民的利益遭受损失的行为。

二、监察人员违法行为的处理方式

《监察法实施条例》第二百七十九条规定：“对监察人员在履行职责中存在违法行为的，可以根据情节轻重，依法进行谈话提醒、批评教育、责令检查、诫勉，或者给予政务处分。构成犯罪的，依法追究刑事责任。”

对监察人员违法行为的处理，应当坚持实事求是的原则，根据违法的不同情况，准确区分问题性质、责任大小、过错轻重和危害程度等，结合监察人员的一贯表现、主观态度，确定恰当的处理方式。谈话提醒、批评教育、责令检查、予以诫勉四种处理方式，适用于违法情节较轻、违法人员认错悔错的情形。政务处分包括警告、记过、记大过、降级、撤职、开除。触犯《刑法》规定构成犯罪的，应依法追究刑事责任。

第三节　构成犯罪追究刑事责任

《监察法》第七十五条规定：“违反本法规定，构成犯罪的，依法追究刑事责任。”规定该条的主要目的是打击犯罪，保障《监察法》各项制度顺利实施，维护《监察法》的权威性。

违反《监察法》规定，可能构成犯罪，应依法追究刑事责任的，主要包括以下四种情形：

一是监察对象及有关人员违反《监察法》第七十二条规定，构成犯罪的，依法追究刑事责任。比如串供或者伪造、隐匿、毁灭证据的，可能涉嫌违反《刑法》第三百零七条规定的“帮助当事人毁灭、伪造证据，情节严重的，处三年以下有期徒刑或者拘役”。阻止他人揭发检举、提供证据的，可能涉嫌违反《刑法》第三百零七条规定的“以暴力、威胁、贿买等方法阻止证人作证或者指使他人作伪证的，处三年以下有期徒刑或者拘役；情节严重的，处三年以上七年以下有期徒刑”。

二是监察对象违反《监察法》第七十三条规定，构成犯罪的，依法追究刑事责任。监察对象对控告人、检举人、证人或者监察人员进行报复陷害，可能涉嫌违反《刑法》第二百五十四条规定的“国家机关工作人员滥用职权、假公济私，对控告人、申诉人、批评人、举报人实行报复陷害的，处二年以下有期徒刑或者拘役；情节严重的，处二年以上七年以下有期徒刑”。

三是控告人、检举人、证人违反《监察法》第七十三条规定，构成犯罪的，依法追究刑事责任。控告人、检举人、证人捏造事实诬告陷害监察对象，可能涉嫌违反《刑法》第二百四十三条规定的“捏造事实诬告陷害他人，意图使他人受刑事追究，情节严重的，处三年以下有期徒刑、拘役或者管制；造成严重后果的，处三年以上十年以下有期徒刑。国家机关工作人员犯前款罪的，从重处罚”。

四是监察机关及其工作人员违反《监察法》第七十四条规定，构成犯罪的，依法追究刑事责任。比如，泄露调查工作信息，可能涉嫌违反《刑法》第三百九十八条规定的“国家机关工作人员违反保守国家秘密法的规定，故意或者过失泄露国家秘密，情节严重的，处三年以下有期徒刑或者拘役；情节特别严重的，处三年以上七年以下有期徒刑”。涉及其他滥用职权、玩忽职守、徇私舞弊行为的，可能涉嫌违反《刑法》第三百九十七条规定的“国家机关工作人员滥用职权或者玩忽职守，致使公共财产、国家和人民利益遭受重大损失的，处三年以下有期徒刑或者拘役；情节特别严重的，处三年以上七年以下有期徒刑。本法另有规定的，依照规定。国家机关工作人员徇私舞弊，犯前款罪的，处五年以下有期徒刑或者拘役；情节特别严重的，处五年以上十年以下有期徒刑。本法另有规定的，依照规定”。

需要注意的是，违反《监察法》其他法律规定，构成犯罪的，也应当依法追究刑事责任。

第四节　监察赔偿

《监察法》第七十六条规定了国家赔偿责任，规定该条的主要目的是救济和保护公民、法人或者其他组织的合法权益，促进监察机关依法开展工作。《监察法实施条例》第二百八十条和第二百八十一条对此作了细化规定。

一、监察机关国家赔偿责任

《监察法》第七十六条规定："监察机关及其工作人员行使职权，侵犯公民、法人和其他组织的合法权益造成损害的，依法给予国家赔偿。"《监察法实施条例》第二百八十条规定，监察机关及其工作人员在行使职权时，有下列情形之一的，受害人可以申请国家赔偿：（一）采取留置措施后，决定撤销案件的；（二）违法没收、追缴或者违法查封、扣押、冻结财物造成损害的；（三）违法行使职权，造成被调查人、涉案人员或者证人身体伤害或者死亡的；（四）非法剥夺他人人身自由的；（五）其他侵犯公民、法人和其他组织合法权益造成损害的。受害人死亡的，其继承人和其他有扶养关系的亲属有权要求赔偿；受害的法人或者其他组织终止的，其权利承受人有权要求赔偿。

监察机关因其履行职责构成侵权，应承担赔偿责任时，一般要具备以下几个条件：一是公民、法人或者其他组织受到的损害必须是监察机关或者监察人员违法行使职权所造成的；二是损害事实与违法行使职权的行为之间存在着因果关系；三是损害必须是现实已经产生或者必然产生的，不是想象的、虚拟的，是直接的，不是间接的；四是赔偿是法律规定的。

监察机关及其工作人员在行使职权时，有下列五种情形之一的，受害人可以申请国家赔偿。一是采取留置措施后，决定撤销案件的。需要注意的是，这里的采取留置措施，是指被调查人已经被实际执行留置措施。对于留置措施已经依法审批但尚未实际执行，依法撤销留置措施的，不属于应当给予赔偿的情形。二是违法没收、追缴或者违法查封、扣押、冻结财物造成损害的。三是违法行使职权，造成被调查人、涉案人员或者证人身体伤害或者死亡的。这里的“违法行使职权”，包括以暴力等非法方法实施的违法取证行为，也包括与收集证据无关的殴打、虐待等行为。根据《中华人民共和国国家赔偿法》（以下简称《国家赔偿法》）相关规定的精神，对于被调查人、涉案人员或者证人自伤、自残等行为致使危害结果发生的，一般不属于应当承担国家赔偿责任的情形。四是非法剥夺他人人身自由的。五是其他侵犯公民、法人和其他组织合法权益造成损害的。这里的“合法权益”主要是指公民的人身自由、生命健康权以及公民、法人和其他组织的财产权等。

赔偿请求人一般是受害人，这里的“受害人”范围包括了公民、法人和其他组织三类，这三类主体均可作为“国家赔偿请求人”。受害人死亡的，其继承人和其他有扶养关系的亲属有权要求赔偿；受害的法人或者其他组织终止的，其权利承受人有权要求赔偿。

二、赔偿义务机关以及赔偿方式

《监察法实施条例》第二百八十一条规定，监察机关及其工作人员违法行使职权侵犯公民、法人和其他组织的合法权益造成损害的，该机关为赔偿义务机关。申请赔偿应当向赔偿义务机关提出，由该机关负责复审复核工作的部门受理。赔偿以支付赔偿金为主要方式。能够返还财产或者恢复原状的，予以返还财产或者恢复原状。

关于赔偿义务机关。《监察法实施条例》根据《国家赔偿法》的精神，规定监察机关及其工作人员违法行使职权侵犯公民、法人和其他组织的合法权益造成损害的，实施违法行为的监察机关为赔偿义务机关，从而明确了被害人的申请渠道。同时，为进一步使国家赔偿责任得到落实，《监察法实施条例》规定由监察机关负责复审复核工作的部门受理赔偿请求。

关于赔偿方式。监察机关的国家赔偿责任作为国家赔偿中的一种新类型，在赔偿方式的设定上，借鉴了《国家赔偿法》的相关立法成果，明确以支付赔偿金为主要方式。能够返还财产或者恢复原状的，应该予以返还财产或者恢复原状。

附：

中华人民共和国监察法

（2018 年 3 月 20 日第十三届全国人民代表大会第一次会议通过　根据 2024 年 12 月 25 日第十四届全国人民代表大会常务委员会第十三次会议《关于修改〈中华人民共和国监察法〉的决定》修正）

目　　录

第一章　总　　则

第一条　为了深入开展廉政建设和反腐败工作，加强对所有行使公权力的公职人员的监督，实现国家监察全面覆盖，持续深化国家监察体制改革，推进国家治理体系和治理能力现代化，根据宪法，制定本法。

第二条　坚持中国共产党对国家监察工作的领导，以马克思列宁主义、毛泽东思想、邓小平理论、“三个代表”重要思想、科学发展观、习近平新时代中国特色社会主义思想为指导，构建集中统一、权威高效的中国特色国家监察体制。

第三条　各级监察委员会是行使国家监察职能的专责机关，依照本法对所有行使公权力的公职人员（以下称公职人员）进行监察，调查职务违法和职务犯罪，开展廉政建设和反腐败工作，维护宪法和法律的尊严。

第四条　监察委员会依照法律规定独立行使监察权，不受行政机关、社会团体和个人的干涉。

监察机关办理职务违法和职务犯罪案件，应当与审判机关、检察机关、执法部门互相配合，互相制约。

监察机关在工作中需要协助的，有关机关和单位应当根据监察机关的要求依法予以协助。

第五条　国家监察工作严格遵照宪法和法律，以事实为根据，以法律为准绳；权责对等，严格监督；遵守法定程序，公正履行职责；尊重和保障人权，在适用法律上一律平等，保障监察对象及相关人员的合法权益；惩戒与教育相结合，宽严相济。

第六条 国家监察工作坚持标本兼治、综合治理，强化监督问责，严厉惩治腐败；深化改革、健全法治，有效制约和监督权力；加强法治教育和道德教育，弘扬中华优秀传统文化，构建不敢腐、不能腐、不想腐的长效机制。

第二章 监察机关及其职责

第七条 中华人民共和国国家监察委员会是最高监察机关。

省、自治区、直辖市、自治州、县、自治县、市、市辖区设立监察委员会。

第八条 国家监察委员会由全国人民代表大会产生，负责全国监察工作。

国家监察委员会由主任、副主任若干人、委员若干人组成，主任由全国人民代表大会选举，副主任、委员由国家监察委员会主任提请全国人民代表大会常务委员会任免。

国家监察委员会主任每届任期同全国人民代表大会每届任期相同，连续任职不得超过两届。

国家监察委员会对全国人民代表大会及其常务委员

会负责，并接受其监督。

第九条 地方各级监察委员会由本级人民代表大会产生，负责本行政区域内的监察工作。

地方各级监察委员会由主任、副主任若干人、委员若干人组成，主任由本级人民代表大会选举，副主任、委员由监察委员会主任提请本级人民代表大会常务委员会任免。

地方各级监察委员会主任每届任期同本级人民代表大会每届任期相同。

地方各级监察委员会对本级人民代表大会及其常务委员会和上一级监察委员会负责，并接受其监督。

第十条 国家监察委员会领导地方各级监察委员会的工作，上级监察委员会领导下级监察委员会的工作。

第十一条 监察委员会依照本法和有关法律规定履行监督、调查、处置职责：

（一）对公职人员开展廉政教育，对其依法履职、秉公用权、廉洁从政从业以及道德操守情况进行监督检查；

（二）对涉嫌贪污贿赂、滥用职权、玩忽职守、权力寻租、利益输送、徇私舞弊以及浪费国家资财等职务违法和职务犯罪进行调查；

（三）对违法的公职人员依法作出政务处分决定；对履行职责不力、失职失责的领导人员进行问责；对涉嫌职务犯罪的，将调查结果移送人民检察院依法审查、提起公诉；向监察对象所在单位提出监察建议。

第十二条 各级监察委员会可以向本级中国共产党机关、国家机关、中国人民政治协商会议委员会机关、法律法规授权或者委托管理公共事务的组织和单位以及辖区内特定区域、国有企业、事业单位等派驻或者派出监察机构、监察专员。

经国家监察委员会批准，国家监察委员会派驻本级实行垂直管理或者双重领导并以上级单位领导为主的单位、国有企业的监察机构、监察专员，可以向驻在单位的下一级单位再派出。

经国家监察委员会批准，国家监察委员会派驻监察机构、监察专员，可以向驻在单位管理领导班子的普通高等学校再派出；国家监察委员会派驻国务院国有资产监督管理机构的监察机构，可以向驻在单位管理领导班子的国有企业再派出。

监察机构、监察专员对派驻或者派出它的监察委员会或者监察机构、监察专员负责。

第十三条 派驻或者派出的监察机构、监察专员根据授权，按照管理权限依法对公职人员进行监督，提出监察建议，依法对公职人员进行调查、处置。

第十四条 国家实行监察官制度，依法确定监察官的等级设置、任免、考评和晋升等制度。

第三章　监察范围和管辖

第十五条　监察机关对下列公职人员和有关人员进行监察：

（一）中国共产党机关、人民代表大会及其常务委员会机关、人民政府、监察委员会、人民法院、人民检察院、中国人民政治协商会议各级委员会机关、民主党派机关和工商业联合会机关的公务员，以及参照《中华人民共和国公务员法》管理的人员；

（二）法律、法规授权或者受国家机关依法委托管理公共事务的组织中从事公务的人员；

（三）国有企业管理人员；

（四）公办的教育、科研、文化、医疗卫生、体育等单位中从事管理的人员；

（五）基层群众性自治组织中从事管理的人员；

（六）其他依法履行公职的人员。

第十六条　各级监察机关按照管理权限管辖本辖区内本法第十五条规定的人员所涉监察事项。

上级监察机关可以办理下一级监察机关管辖范围内的监察事项，必要时也可以办理所辖各级监察机关管辖范围内的监察事项。

监察机关之间对监察事项的管辖有争议的，由其共同的上级监察机关确定。

第十七条　上级监察机关可以将其所管辖的监察事项指定下级监察机关管辖，也可以将下级监察机关有管辖权的监察事项指定给其他监察机关管辖。

监察机关认为所管辖的监察事项重大、复杂，需要由上级监察机关管辖的，可以报请上级监察机关管辖。

第四章　监察权限

第十八条　监察机关行使监督、调查职权，有权依法向有关单位和个人了解情况，收集、调取证据。有关单位和个人应当如实提供。

监察机关及其工作人员对监督、调查过程中知悉的国家秘密、工作秘密、商业秘密、个人隐私和个人信息，应当保密。

任何单位和个人不得伪造、隐匿或者毁灭证据。

第十九条　对可能发生职务违法的监察对象，监察机关按照管理权限，可以直接或者委托有关机关、人员进行谈话，或者进行函询，要求说明情况。

第二十条　在调查过程中，对涉嫌职务违法的被调查人，监察机关可以进行谈话，要求其就涉嫌违法行为作出陈述，必要时向被调查人出具书面通知。

对涉嫌贪污贿赂、失职渎职等职务犯罪的被调查人，监察机关可以进行讯问，要求其如实供述涉嫌犯罪的情况。

第二十一条 监察机关根据案件情况，经依法审批，可以强制涉嫌严重职务违法或者职务犯罪的被调查人到案接受调查。

第二十二条 在调查过程中，监察机关可以询问证人等人员。

第二十三条 被调查人涉嫌严重职务违法或者职务犯罪，并有下列情形之一的，经监察机关依法审批，可以对其采取责令候查措施：

（一）不具有本法第二十四条第一款所列情形的；

（二）符合留置条件，但患有严重疾病、生活不能自理的，系怀孕或者正在哺乳自己婴儿的妇女，或者生活不能自理的人的唯一扶养人；

（三）案件尚未办结，但留置期限届满或者对被留置人员不需要继续采取留置措施的；

（四）符合留置条件，但因为案件的特殊情况或者办理案件的需要，采取责令候查措施更为适宜的。

被责令候查人员应当遵守以下规定：

（一）未经监察机关批准不得离开所居住的直辖市、设区的市的城市市区或者不设区的市、县的辖区；

（二）住址、工作单位和联系方式发生变动的，在二十四小时以内向监察机关报告；

（三）在接到通知的时候及时到案接受调查；

（四）不得以任何形式干扰证人作证；

（五）不得串供或者伪造、隐匿、毁灭证据。

被责令候查人员违反前款规定，情节严重的，可以依法予以留置。

第二十四条 被调查人涉嫌贪污贿赂、失职渎职等严重职务违法或者职务犯罪，监察机关已经掌握其部分违法犯罪事实及证据，仍有重要问题需要进一步调查，并有下列情形之一的，经监察机关依法审批，可以将其留置在特定场所：

（一）涉及案情重大、复杂的；

（二）可能逃跑、自杀的；

（三）可能串供或者伪造、隐匿、毁灭证据的；

（四）可能有其他妨碍调查行为的。

对涉嫌行贿犯罪或者共同职务犯罪的涉案人员，监察机关可以依照前款规定采取留置措施。

留置场所的设置、管理和监督依照国家有关规定执行。

第二十五条 对于未被留置的下列人员，监察机关发现存在逃跑、自杀等重大安全风险的，经依法审批，可以进行管护：

（一）涉嫌严重职务违法或者职务犯罪的自动投案人员；

（二）在接受谈话、函询、询问过程中，交代涉嫌严重职务违法或者职务犯罪问题的人员；

（三）在接受讯问过程中，主动交代涉嫌重大职务犯罪问题的人员。

采取管护措施后，应当立即将被管护人员送留置场所，至迟不得超过二十四小时。

第二十六条 监察机关调查涉嫌贪污贿赂、失职渎职等严重职务违法或者职务犯罪，根据工作需要，可以依照规定查询、冻结涉案单位和个人的存款、汇款、债券、股票、基金份额等财产。有关单位和个人应当配合。

冻结的财产经查明与案件无关的，应当在查明后三日内解除冻结，予以退还。

第二十七条 监察机关可以对涉嫌职务犯罪的被调查人以及可能隐藏被调查人或者犯罪证据的人的身体、物品、住处和其他有关地方进行搜查。在搜查时，应当出示搜查证，并有被搜查人或者其家属等见证人在场。

搜查女性身体，应当由女性工作人员进行。

监察机关进行搜查时，可以根据工作需要提请公安机关配合。公安机关应当依法予以协助。

第二十八条 监察机关在调查过程中，可以调取、查封、扣押用以证明被调查人涉嫌违法犯罪的财物、文件和电子数据等信息。采取调取、查封、扣押措施，应当收集原物原件，会同持有人或者保管人、见证人，当面逐一拍照、登记、编号，开列清单，由在场人员当场核对、签名，并将清单副本交财物、文件的持有人或者保管人。

对调取、查封、扣押的财物、文件，监察机关应当设立专用账户、专门场所，确定专门人员妥善保管，严格履行交接、调取手续，定期对账核实，不得毁损或者用于其他目的。对价值不明物品应当及时鉴定，专门封存保管。

查封、扣押的财物、文件经查明与案件无关的，应当在查明后三日内解除查封、扣押，予以退还。

第二十九条 监察机关在调查过程中，可以直接或者指派、聘请具有专门知识的人在调查人员主持下进行勘验检查。勘验检查情况应当制作笔录，由参加勘验检查的人员和见证人签名或者盖章。

必要时，监察机关可以进行调查实验。调查实验情况应当制作笔录，由参加实验的人员签名或者盖章。

第三十条 监察机关在调查过程中，对于案件中的专门性问题，可以指派、聘请有专门知识的人进行鉴定。鉴定人进行鉴定后，应当出具鉴定意见，并且签名。

第三十一条 监察机关调查涉嫌重大贪污贿赂等职务犯罪，根据需要，经过严格的批准手续，可以采取技术调查措施，按照规定交有关机关执行。

批准决定应当明确采取技术调查措施的种类和适用对象，自签发之日起三个月以内有效；对于复杂、疑难案件，期限届满仍有必要继续采取技术调查措施的，经过批准，有效期可以延长，每次不得超过三个月。对于不需要继续采取技术调查措施的，应当及时解除。

第三十二条 依法应当留置的被调查人如果在逃，监察机关可以决定在本行政区域内通缉，由公安机关发布通缉令，追捕归案。通缉范围超出本行政区域的，应当报请有权决定的上级监察机关决定。

第三十三条 监察机关为防止被调查人及相关人员逃匿境外，经省级以上监察机关批准，可以对被调查人及相关人员采取限制出境措施，由公安机关依法执行。对于不需要继续采取限制出境措施的，应当及时解除。

第三十四条 涉嫌职务犯罪的被调查人主动认罪认罚，有下列情形之一的，监察机关经领导人员集体研究，并报上一级监察机关批准，可以在移送人民检察院时提出从宽处罚的建议：

（一）自动投案，真诚悔罪悔过的；

（二）积极配合调查工作，如实供述监察机关还未掌握的违法犯罪行为的；

（三）积极退赃，减少损失的；

（四）具有重大立功表现或者案件涉及国家重大利益等情形的。

第三十五条 职务违法犯罪的涉案人员揭发有关被调查人职务违法犯罪行为，查证属实的，或者提供重要线索，有助于调查其他案件的，监察机关经领导人员集体研究，并报上一级监察机关批准，可以在移送人民检察院时提出从宽处罚的建议。

第三十六条 监察机关依照本法规定收集的物证、书证、证人证言、被调查人供述和辩解、视听资料、电子数据等证据材料，在刑事诉讼中可以作为证据使用。

监察机关在收集、固定、审查、运用证据时，应当与刑事审判关于证据的要求和标准相一致。

以非法方法收集的证据应当依法予以排除，不得作为案件处置的依据。

第三十七条 人民法院、人民检察院、公安机关、审计机关等国家机关在工作中发现公职人员涉嫌贪污贿赂、失职渎职等职务违法或者职务犯罪的问题线索，应当移送监察机关，由监察机关依法调查处置。

被调查人既涉嫌严重职务违法或者职务犯罪，又涉嫌其他违法犯罪的，一般应当由监察机关为主调查，其他机关予以协助。

第五章 监察程序

第三十八条 监察机关对于报案或者举报，应当接受并按照有关规定处理。对于不属于本机关管辖的，应当移送主管机关处理。

第三十九条 监察机关应当严格按照程序开展工

作，建立问题线索处置、调查、审理各部门相互协调、相互制约的工作机制。

监察机关应当加强对调查、处置工作全过程的监督管理，设立相应的工作部门履行线索管理、监督检查、督促办理、统计分析等管理协调职能。

第四十条 监察机关对监察对象的问题线索，应当按照有关规定提出处置意见，履行审批手续，进行分类办理。线索处置情况应当定期汇总、通报，定期检查、抽查。

第四十一条 需要采取初步核实方式处置问题线索的，监察机关应当依法履行审批程序，成立核查组。初步核实工作结束后，核查组应当撰写初步核实情况报告，提出处理建议。承办部门应当提出分类处理意见。初步核实情况报告和分类处理意见报监察机关主要负责人审批。

第四十二条 经过初步核实，对监察对象涉嫌职务违法犯罪，需要追究法律责任的，监察机关应当按照规定的权限和程序办理立案手续。

监察机关主要负责人依法批准立案后，应当主持召开专题会议，研究确定调查方案，决定需要采取的调查措施。

立案调查决定应当向被调查人宣布，并通报相关组织。涉嫌严重职务违法或者职务犯罪的，应当通知被调查人家属，并向社会公开发布。

第四十三条 监察机关对职务违法和职务犯罪案件，应当进行调查，收集被调查人有无违法犯罪以及情节轻重的证据，查明违法犯罪事实，形成相互印证、完整稳定的证据链。

调查人员应当依法文明规范开展调查工作。严禁以暴力、威胁、引诱、欺骗及其他非法方式收集证据，严禁侮辱、打骂、虐待、体罚或者变相体罚被调查人和涉案人员。

监察机关及其工作人员在履行职责过程中应当依法保护企业产权和自主经营权，严禁利用职权非法干扰企业生产经营。需要企业经营者协助调查的，应当保障其人身权利、财产权利和其他合法权益，避免或者尽量减少对企业正常生产经营活动的影响。

第四十四条 调查人员采取讯问、询问、强制到案、责令候查、管护、留置、搜查、调取、查封、扣押、勘验检查等调查措施，均应当依照规定出示证件，出具书面通知，由二人以上进行，形成笔录、报告等书面材料，并由相关人员签名、盖章。

调查人员进行讯问以及搜查、查封、扣押等重要取证工作，应当对全过程进行录音录像，留存备查。

第四十五条 调查人员应当严格执行调查方案，不得随意扩大调查范围、变更调查对象和事项。

对调查过程中的重要事项，应当集体研究后按程序请示报告。

第四十六条 采取强制到案、责令候查或者管护措施，应当按照规定的权限和程序，经监察机关主要负责人批准。

强制到案持续的时间不得超过十二小时；需要采取管护或者留置措施的，强制到案持续的时间不得超过二十四小时。不得以连续强制到案的方式变相拘禁被调查人。

责令候查最长不得超过十二个月。

监察机关采取管护措施的，应当在七日以内依法作出留置或者解除管护的决定，特殊情况下可以延长一日至三日。

第四十七条 监察机关采取留置措施，应当由监察机关领导人员集体研究决定。设区的市级以下监察机关采取留置措施，应当报上一级监察机关批准。省级监察机关采取留置措施，应当报国家监察委员会备案。

第四十八条 留置时间不得超过三个月。在特殊情况下，可以延长一次，延长时间不得超过三个月。省级以下监察机关采取留置措施的，延长留置时间应当报上一级监察机关批准。监察机关发现采取留置措施不当或者不需要继续采取留置措施的，应当及时解除或者变更为责令候查措施。

对涉嫌职务犯罪的被调查人可能判处十年有期徒刑以上刑罚，监察机关依照前款规定延长期限届满，仍不能调查终结的，经国家监察委员会批准或者决定，可以再延长二个月。

省级以上监察机关在调查期间，发现涉嫌职务犯罪的被调查人另有与留置时的罪行不同种的重大职务犯罪或者同种的影响罪名认定、量刑档次的重大职务犯罪，经国家监察委员会批准或者决定，自发现之日起依照本条第一款的规定重新计算留置时间。留置时间重新计算以一次为限。

第四十九条 监察机关采取强制到案、责令候查、管护、留置措施，可以根据工作需要提请公安机关配合。公安机关应当依法予以协助。

省级以下监察机关留置场所的看护勤务由公安机关负责，国家监察委员会留置场所的看护勤务由国家另行规定。留置看护队伍的管理依照国家有关规定执行。

第五十条 采取管护或者留置措施后，应当在二十四小时以内，通知被管护人员、被留置人员所在单位和家属，但有可能伪造、隐匿、毁灭证据，干扰证人作证或者串供等有碍调查情形的除外。有碍调查的情形消失后，应当立即通知被管护人员、被留置人员所在单位和家属。解除管护或者留置的，应当及时通知被管护人员、被留置人员所在单位和家属。

被管护人员、被留置人员及其近亲属有权申请变更管护、留置措施。监察机关收到申请后，应当在三日以内作出决定；不同意变更措施的，应当告知申请人，并说明不同意的理由。

监察机关应当保障被强制到案人员、被管护人员以及被留置人员的饮食、休息和安全，提供医疗服务。对其谈话、讯问的，应当合理安排时间和时长，谈话笔录、讯问笔录由被谈话人、被讯问人阅看后签名。

被管护人员、被留置人员涉嫌犯罪移送司法机关后，被依法判处管制、拘役或者有期徒刑的，管护、留置一日折抵管制二日，折抵拘役、有期徒刑一日。

第五十一条 监察机关在调查工作结束后，应当依法对案件事实和证据、性质认定、程序手续、涉案财物等进行全面审理，形成审理报告，提请集体审议。

第五十二条 监察机关根据监督、调查结果，依法作出如下处置：

（一）对有职务违法行为但情节较轻的公职人员，按照管理权限，直接或者委托有关机关、人员，进行谈话提醒、批评教育、责令检查，或者予以诫勉；

（二）对违法的公职人员依照法定程序作出警告、记过、记大过、降级、撤职、开除等政务处分决定；

（三）对不履行或者不正确履行职责负有责任的领导人员，按照管理权限对其直接作出问责决定，或者向有权作出问责决定的机关提出问责建议；

（四）对涉嫌职务犯罪的，监察机关经调查认为犯罪事实清楚，证据确实、充分的，制作起诉意见书，连同案卷材料、证据一并移送人民检察院依法审查、提起公诉；

（五）对监察对象所在单位廉政建设和履行职责存在的问题等提出监察建议。

监察机关经调查，对没有证据证明被调查人存在违法犯罪行为的，应当撤销案件，并通知被调查人所在单位。

第五十三条 监察机关经调查，对违法取得的财物，依法予以没收、追缴或者责令退赔；对涉嫌犯罪取得的财物，应当随案移送人民检察院。

第五十四条 对监察机关移送的案件，人民检察院依照《中华人民共和国刑事诉讼法》对被调查人采取强制措施。

人民检察院经审查，认为犯罪事实已经查清，证据确实、充分，依法应当追究刑事责任的，应当作出起诉决定。

人民检察院经审查，认为需要补充核实的，应当退回监察机关补充调查，必要时可以自行补充侦查。对于补充调查的案件，应当在一个月内补充调查完毕。补充调查以二次为限。

人民检察院对于有《中华人民共和国刑事诉讼法》规定的不起诉的情形的，经上一级人民检察院批准，依法作出不起诉的决定。监察机关认为不起诉的决定有错误的，可以向上一级人民检察院提请复议。

第五十五条 监察机关在调查贪污贿赂、失职渎职等职务犯罪案件过程中，被调查人逃匿或者死亡，有必要继续调查的，应当继续调查并作出结论。被调查人逃匿，在通缉一年后不能到案，或者死亡的，由监察机关提请人民检察院依照法定程序，向人民法院提出没收违法所得的申请。

第五十六条 监察对象对监察机关作出的涉及本人的处理决定不服的，可以在收到处理决定之日起一个月内，向作出决定的监察机关申请复审，复审机关应当在一个月内作出复审决定；监察对象对复审决定仍不服的，可以在收到复审决定之日起一个月内，向上一级监察机关申请复核，复核机关应当在二个月内作出复核决定。复审、复核期间，不停止原处理决定的执行。复核机关经审查，认定处理决定有错误的，原处理机关应当及时予以纠正。

第六章 反腐败国际合作

第五十七条 国家监察委员会统筹协调与其他国家、地区、国际组织开展的反腐败国际交流、合作，组织反腐败国际条约实施工作。

第五十八条 国家监察委员会会同有关单位加强与有关国家、地区、国际组织在反腐败方面开展引渡、移管被判刑人、遣返、联合调查、调查取证、资产追缴和信息交流等执法司法合作和司法协助。

第五十九条 国家监察委员会加强对反腐败国际追逃追赃和防逃工作的组织协调，督促有关单位做好相关工作：

（一）对于重大贪污贿赂、失职渎职等职务犯罪案件，被调查人逃匿到国（境）外，掌握证据比较确凿的，通过开展境外追逃合作，追捕归案；

（二）向赃款赃物所在国请求查询、冻结、扣押、没收、追缴、返还涉案资产；

（三）查询、监控涉嫌职务犯罪的公职人员及其相关人员进出国（境）和跨境资金流动情况，在调查案件过程中设置防逃程序。

第七章 对监察机关和监察人员的监督

第六十条 各级监察委员会应当接受本级人民代表大会及其常务委员会的监督。

各级人民代表大会常务委员会听取和审议本级监察委员会的专项工作报告，组织执法检查。

县级以上各级人民代表大会及其常务委员会举行会

议时，人民代表大会代表或者常务委员会组成人员可以依照法律规定的程序，就监察工作中的有关问题提出询问或者质询。

第六十一条　监察机关应当依法公开监察工作信息，接受民主监督、社会监督、舆论监督。

第六十二条　监察机关根据工作需要，可以从各方面代表中聘请特约监察员。特约监察员按照规定对监察机关及其工作人员履行职责情况实行监督。

第六十三条　监察机关通过设立内部专门的监督机构等方式，加强对监察人员执行职务和遵守法律情况的监督，建设忠诚、干净、担当的监察队伍。

第六十四条　监察人员涉嫌严重职务违法或者职务犯罪，为防止造成更为严重的后果或者恶劣影响，监察机关经依法审批，可以对其采取禁闭措施。禁闭的期限不得超过七日。

被禁闭人员应当配合监察机关调查。监察机关经调查发现被禁闭人员符合管护或者留置条件的，可以对其采取管护或者留置措施。

本法第五十条的规定，适用于禁闭措施。

第六十五条　监察人员必须模范遵守宪法和法律，忠于职守、秉公执法，清正廉洁、保守秘密；必须具有良好的政治素质，熟悉监察业务，具备运用法律、法规、政策和调查取证等能力，自觉接受监督。

第六十六条 对于监察人员打听案情、过问案件、说情干预的，办理监察事项的监察人员应当及时报告。有关情况应当登记备案。

发现办理监察事项的监察人员未经批准接触被调查人、涉案人员及其特定关系人，或者存在交往情形的，知情人应当及时报告。有关情况应当登记备案。

第六十七条 办理监察事项的监察人员有下列情形之一的，应当自行回避，监察对象、检举人及其他有关人员也有权要求其回避：

（一）是监察对象或者检举人的近亲属的；

（二）担任过本案的证人的；

（三）本人或者其近亲属与办理的监察事项有利害关系的；

（四）有可能影响监察事项公正处理的其他情形的。

第六十八条 监察机关涉密人员离岗离职后，应当遵守脱密期管理规定，严格履行保密义务，不得泄露相关秘密。

监察人员辞职、退休三年内，不得从事与监察和司法工作相关联且可能发生利益冲突的职业。

第六十九条 监察机关及其工作人员有下列行为之一的，被调查人及其近亲属、利害关系人有权向该机关申诉：

（一）采取强制到案、责令候查、管护、留置或者禁闭措施法定期限届满，不予以解除或者变更的；

（二）查封、扣押、冻结与案件无关或者明显超出涉案范围的财物的；

（三）应当解除查封、扣押、冻结措施而不解除的；

（四）贪污、挪用、私分、调换或者违反规定使用查封、扣押、冻结的财物的；

（五）利用职权非法干扰企业生产经营或者侵害企业经营者人身权利、财产权利和其他合法权益的；

（六）其他违反法律法规、侵害被调查人合法权益的行为。

受理申诉的监察机关应当在受理申诉之日起一个月内作出处理决定。申诉人对处理决定不服的，可以在收到处理决定之日起一个月内向上一级监察机关申请复查，上一级监察机关应当在收到复查申请之日起二个月内作出处理决定，情况属实的，及时予以纠正。

第七十条 对调查工作结束后发现立案依据不充分或者失实，案件处置出现重大失误，监察人员严重违法的，应当追究负有责任的领导人员和直接责任人员的责任。

第八章　法律责任

第七十一条　有关单位拒不执行监察机关作出的处理决定，或者无正当理由拒不采纳监察建议的，由其主管部门、上级机关责令改正，对单位给予通报批评；对负有责任的领导人员和直接责任人员依法给予处理。

第七十二条　有关人员违反本法规定，有下列行为之一的，由其所在单位、主管部门、上级机关或者监察机关责令改正，依法给予处理：

（一）不按要求提供有关材料，拒绝、阻碍调查措施实施等拒不配合监察机关调查的；

（二）提供虚假情况，掩盖事实真相的；

（三）串供或者伪造、隐匿、毁灭证据的；

（四）阻止他人揭发检举、提供证据的；

（五）其他违反本法规定的行为，情节严重的。

第七十三条　监察对象对控告人、检举人、证人或者监察人员进行报复陷害的；控告人、检举人、证人捏造事实诬告陷害监察对象的，依法给予处理。

第七十四条　监察机关及其工作人员有下列行为之一的，对负有责任的领导人员和直接责任人员依法给予处理：

（一）未经批准、授权处置问题线索，发现重大案情隐瞒不报，或者私自留存、处理涉案材料的；

（二）利用职权或者职务上的影响干预调查工作、以案谋私的；

（三）违法窃取、泄露调查工作信息，或者泄露举报事项、举报受理情况以及举报人信息的；

（四）对被调查人或者涉案人员逼供、诱供，或者侮辱、打骂、虐待、体罚或者变相体罚的；

（五）违反规定处置查封、扣押、冻结的财物的；

（六）违反规定发生办案安全事故，或者发生安全事故后隐瞒不报、报告失实、处置不当的；

（七）违反规定采取强制到案、责令候查、管护、留置或者禁闭措施，或者法定期限届满，不予以解除或者变更的；

（八）违反规定采取技术调查、限制出境措施，或者不按规定解除技术调查、限制出境措施的；

（九）利用职权非法干扰企业生产经营或者侵害企业经营者人身权利、财产权利和其他合法权益的；

（十）其他滥用职权、玩忽职守、徇私舞弊的行为。

第七十五条 违反本法规定，构成犯罪的，依法追究刑事责任。

第七十六条 监察机关及其工作人员行使职权，侵犯公民、法人和其他组织的合法权益造成损害的，依法给予国家赔偿。

第九章　附　　则

第七十七条　中国人民解放军和中国人民武装警察部队开展监察工作，由中央军事委员会根据本法制定具体规定。

第七十八条　本法自公布之日起施行。《中华人民共和国行政监察法》同时废止。

图书在版编目（CIP）数据

监察法公职人员读本/《监察法公职人员读本》编写组编写.
北京：中国方正出版社，2024.12. --ISBN 978-7-5174-1413-1

Ⅰ. D922.114.4

中国国家版本馆 CIP 数据核字第 2024MX1312 号

监察法公职人员读本

JIANCHAFA GONGZHI RENYUAN DUBEN

本书编写组　**编写**

责任编辑：代颖杰　尹岳辰
责任校对：周志娟
责任印制：李惠君

出版发行：中国方正出版社
（北京市西城区广安门南街甲 2 号　邮编：100053）
编辑部：（010）59594645　印制部：（010）59594625
发行部：（010）66560645　门市部：（010）66562733
网址：www.lianzheng.com.cn
经　　销：新华书店
印　　刷：北京新华印刷有限公司

开　　本：880 毫米×1230 毫米　　1/32
印　　张：11
字　　数：207 千字
版　　次：2025 年 3 月第 1 版　2025 年 3 月北京第 3 次印刷

ISBN 978-7-5174-1413-1　　　　定价：30.00 元

（本书如有印装质量问题，请与本社发行部联系退换）